Garçom
excelência em atendimento

Garçom
excelência em atendimento

Guilherme Guzela

EDITORA
intersaberes

Carta de conteúdos

Introdução **08**

1) O garçom **10**

Mercado de trabalho **16**
Perfil **21**
Características necessárias e formação profissional **23**
Ambiente de trabalho **36**
Ética profissional e responsabilidade social **55**

2) Manipulação de alimentos **60**

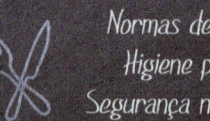

Normas de higiene **62**
Higiene pessoal **69**
Segurança no trabalho **73**

3) O trabalho de garçom **80**

Hierarquia de trabalho **82**
Atribuições de um garçom **89**
Praça **97**
Utensílios e equipamentos **106**

4) O serviço **118**

Tipos de mise en place **120**
Montagem de mise en place **122**
Tipos de serviço e de restaurantes **130**
Serviço de bebidas **158**
Serviço do vinho **168**

Sequência de um serviço 178
Serviços 185
Fechamento de conta 186
Limpeza da praça e da mesa 187
Encerramento do dia 191
Garçom no serviço de eventos 195

5) Bebidas e comidas 200

Seja um vendedor! 202
Conhecendo para vender 206
Bebidas 207
Comida 223
Restrições alimentares 236
Dietas especiais 241
Harmonizações 243

Encerramento 248

Glossário 250

Referências 255

Sobre o autor 256

Como *aproveitar* ao

As seções auxiliarão a assimilar melhor os conteúdos desta obra.

fique atento!

As frases que serão destacadas neste espaço contêm informações relevantes e, por isso, merecem a sua atenção.

você sabia?

Por meio da leitura desta seção, você descobrirá curiosidades envolvendo os assuntos abordados nesta obra.

máximo este livro

Informações importantes referentes às temáticas da obra serão destacadas nesta seção.

Aqui serão reiteradas informações que estão relacionadas aos assuntos da obra.

Neste espaço, você poderá praticar, por meio de exercícios, os ensinamentos adquiridos no decorrer da leitura.

Introdução

Servir é uma arte. E é dessa arte que vive a profissão de garçom. A arte de servir deve ser vista como um **privilégio de poucos**, pois nem todos possuem a nobreza em servir.

Embora seja uma profissão valorizada em todo o mundo, os brasileiros ainda a negligenciam como uma opção de trabalho. Porém, existem pessoas que **cresceram** e **se desenvolveram** nas áreas de gastronomia, hotelaria, eventos e outros serviços, iniciando suas carreiras como garçons ou ajudantes de garçom.

Dessa forma, é com um imenso prazer que navegaremos, neste livro, pelas **funções**, **características** e **peculiaridades** dessa profissão. Veremos também as qualidades necessárias para que esse profissional desempenhe sua função e estudaremos as noções de etiqueta no momento de servir à mesa, os tipos de bebida e alimentos, os cuidados tanto com a higiene pessoal quanto com a limpeza do local de trabalho e como anda o mercado de trabalho para essa profissão.

Com esses conhecimentos, *você terá a oportunidade de crescer e se desenvolver nessa carreira* que tem tantos postos de trabalho, não só no Brasil, mas também em diversos lugares do mundo! Ao conhecer todas as bases do serviço – como receber bem os clientes, como servir diversos tipos de alimentos e de bebidas –, bem como a forma correta de se montar uma mesa e de se reportar aos seus colegas de trabalho, **você poderá trabalhar em qualquer estabelecimento**, basta saber se virar na língua do país! Como garçom, você poderá trabalhar em cruzeiros marítimos, restaurantes, hotéis estrelados, eventos e/ou servir pessoas importantes.

Nessa profissão, você terá a oportunidade de entrar em contato com clientes e turistas de todo o mundo. Independentemente destes serem famosos ou anônimos, **você deverá atendê-los do mesmo modo**, de forma honesta e com qualidade, com o conhecimento e as habilidades que você adquiriu ao longo de seu trabalho e de sua experiência de vida.

Assim, neste livro, para mergulharmos de cabeça nessa profissão e ganharmos o mundo servindo, conheceremos o modo como o garçom realiza seu trabalho e quais são as responsabilidades atribuídas a esse profissional, de forma que você tenha **maiores possibilidades de crescimento e sucesso** nessa área.

Seja bem-vindo! E tenhamos uma ótima viagem pelo mundo do serviço, das comidas e das bebidas!

1
O garçom

Para iniciarmos nossa leitura, veremos, neste capítulo, a origem do termo *garçom*, qual é a função desempenhada por esse profissional e quais são os requisitos técnicos e pessoais necessários para atuar nessa profissão. Além disso, você também terá noção de como anda o mercado de trabalho nessa área e de como é o ambiente em que irá trabalhar.

Afinal, o que faz um garçom?

Garçom é o profissional **encarregado de servir os clientes em restaurantes, eventos ou estabelecimentos de alimentação**. São suas atribuições recepcionar os clientes, apresentar a carta (também conhecida como *menu*), esclarecer as dúvidas em relação à comida, tirar os pedidos, servir os pratos e as bebidas, levar a conta ao cliente, além de limpar e organizar as mesas e o salão do restaurante, buscando sempre contentar a todos com **um serviço ágil, eficiente** e **agradável**. Em sua conduta de trabalho, deve possuir conhecimento amplo, boa aparência e vontade de servir.

Servir é um dos trabalhos mais nobres e antigos do mundo. O homem sempre precisou dos serviços para poder viver em sociedade. *Servir* significa **doar-se, conhecer as necessidades do outro**, de forma a atendê-las, sem, no entanto, sentir-se diminuído por isso.

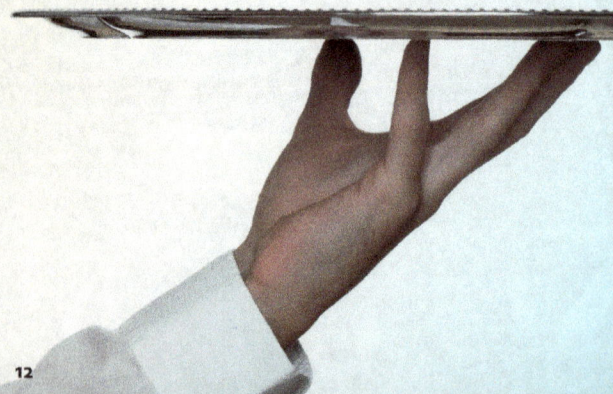

E você sabe qual é a origem da palavra garçom?

Garçom é uma palavra que vem do francês, *garçon*, e significa **moço**, **rapaz**. Os **restaurantes surgiram na França**, em meados do século XVIII, mais precisamente no ano de 1765, quando um parisiense, chamado Boulanger, resolveu abrir um local que servia caldos restauradores. Esse primeiro estabelecimento não possuía nome e ele foi genericamente chamado de *restaurante*, pois o caldo servido era usado para **restaurar** as forças de quem o tomava. Com o tempo, alguns rapazes começaram a auxiliar nos serviços, **levando a comida da cozinha aos clientes**. Como estes não sabiam os nomes de quem os atendia, acabaram por chamá-los de *moço*, *rapaz* ou *garçon*. Foi daí que surgiu o nome dessa profissão, que hoje é conhecida por todo o mundo.

Entretanto, a profissão é muito mais antiga do que o nome! Na Roma antiga, na Grécia e no Egito, os mais ricos contratavam pessoas que pudessem lhes servir os alimentos e as bebidas durante as refeições, os eventos e os banquetes. Na Idade Média, esse costume continuou com os grandes banquetes servidos nos palácios dos impérios europeus. Com o fim destes, surgiram os restaurantes, conforme vimos anteriormente, e os profissionais de serviços começaram a ser vistos pela população (anteriormente, esses profissionais ficavam restritos aos castelos e aos salões dos imperadores) e passaram a servir as pessoas comuns.

Nas tabernas e hospedarias antigas, ficava sob responsabilidade de um garoto (que podia ser o filho ou o sobrinho do dono) servir as bebidas e os alimentos aos hóspedes. O serviço era bastante rudimentar; normalmente, era feita apenas a entrega de pratos e bebidas, sem nenhuma norma ou padrão. Com o tempo, criaram-se **padrões que atendiam aos nobres e aos mais ricos** e que foram considerados como uma forma melhor de se atender e servir. Atualmente, o que se faz é, basicamente, uma forma mais objetiva do que se fazia antigamente, o que ajuda a formar os profissionais.

No mundo todo, principalmente na Europa e nos países da América do Norte, a profissão de garçom é extremamente valorizada e tida como uma opção de carreira para o jovem.

Vamos ver como está o mercado de trabalho para garçons no Brasil e no mundo?

Mercado de trabalho

O mercado é bastante amplo para quem deseja atuar nessa área, pois não fica restrito apenas ao trabalho em restaurantes. O garçom pode trabalhar também em **espaços para eventos** (como jantares, casamentos e aniversários), no **atendimento a domicílio**, entre outras opções.

Além disso, conforme tem sido visto por meio de pesquisas no setor e de publicações, é **cada vez maior a oferta de vagas no setor de serviços**. Hoje, por sinal, há mais vagas de trabalho do que profissionais capacitados! O Brasil tem despontado como um país hospitaleiro e receptivo. A alegria e a boa vontade do brasileiro cativam os turistas. Com isso, o **mercado de trabalho para garçom está aquecido e necessitado de pessoas com formação e com vontade de trabalhar**. Contudo, não é raro perceber a falta interesse de quem ingressa nesse setor para seguir carreira e ganhar experiência. Alguns dos que hoje começam como garçons são aventureiros que logo deixarão a profissão por uma mais rentável.

> Você sabia que trabalhar com serviços pode ser muito rentável? Basta você se dedicar e se aprimorar nos seus conhecimentos e habilidades!

O que se tem visto nas grandes cidades é a **falta de profissionais qualificados e prontos para atender aos clientes e aos turistas**. Para entrar nesse mercado, é preciso que você tenha **boa vontade** e **diferencial competitivo**. Esse diferencial é **construído por você e não é estático**! Ele começa nessas páginas e vai se estender durante toda a sua vida profissional. Fazer cursos, conversar com profissionais gabaritados, ler livros do setor, trabalhar em diversos tipos de estabelecimentos são formas de aumentar esse diferencial. Assim, você sempre irá adquirir novos conhecimentos profissionais, criando novas oportunidades de trabalho e de crescimento! O trabalho de garçom é vasto, e você sempre terá algo para aprender!

> Para que você tenha um bom começo nessa área, procure um bom restaurante para começar a sua experiência. Isso fará com que você conheça todas as áreas de atuação na profissão e possibilitará a chance de crescimento profissional.

lembre-se!

Todo início de trabalho em uma nova profissão deve começar pelos setores mais básicos. No nosso caso, como veremos mais adiante, no terceiro capítulo, o primeiro cargo na hierarquia de trabalho é o Commis.

Restaurantes de hotéis, navios de cruzeiro e grandes restaurantes são boas oportunidades de emprego, pois, normalmente, contam com uma estrutura ampla e completa. Isso possibilita que **você passe por todos os cargos da hierarquia** dentro da empresa e, consequentemente, cresça profissionalmente.

você sabia?

Existem *dois* restaurantes localizados na Torre Eiffel, em Paris. O *58 Tour Eiffel* (primeiro andar) e o *Jules Verne* (segundo andar) são dirigidos pelo famoso *Chef de Cuisine* Alain Ducasse e contam com um serviço impecável e uma atmosfera muito requintada. E existem muitos outros restaurantes diferentes pelo mundo! No decorrer deste livro, vamos descobrir vários deles!

fique atento!

Para trabalhar em um restaurante, você não precisa se restringir a apenas aqueles estabelecimentos que você conhece ou que estão próximos ao local onde você mora. Há vários tipos de restaurantes e serviços em que você pode trabalhar, o que se torna uma das vantagens dessa profissão. O **trabalho nunca é igual** e a **cada dia oferece um novo desafio**, com novos clientes, novos pratos, novas experiências. Um cliente não é igual ao outro e os cozinheiros também podem errar e fazer dois pratos diferentes para serem servidos na mesma mesa (um certo e um errado, por exemplo). São esses desafios que fazem essa profissão ser tão dinâmica!

O garçom é sempre solicitado para trabalhar em quaisquer tipos de serviço que envolvam bebidas e alimentos, pois, por mais que a tecnologia evolua, ainda não foi criado um robô que substitua a maestria e a delicadeza do ser humano na hora de servir. Por isso, *aproveite!* O mercado está aí, pronto para receber novos profissionais, aptos e com vontade de trabalhar!

Perfil

Para trabalhar como garçom, é necessário que você tenha **vontade de servir**. Como vimos anteriormente, servir é a arte de levar às pessoas produtos e serviços que satisfaçam uma necessidade de quem está sendo servido. Por isso, o profissional que pretende iniciar sua carreira de garçom deve estar ciente de que *os serviços são prestados por pessoas e para pessoas*.

Por isso, o perfil do garçom deve ser muito bem trabalhado e conhecido para que não sejamos surpreendidos pelo mercado de trabalho ou por funções que não esperávamos ter de desempenhar.

"Imagine que você irá atender a uma mesa de restaurante de um hotel 5 estrelas e os hóspedes que estão presentes nesse estabelecimento. Antes de se dirigir até a mesa, procure descobrir quais são as necessidades deles: Como os clientes gostariam de ser atendidos? O que eles esperam do hotel, do restaurante e de você?

Com base nas respostas a essas perguntas, comece o atendimento, de forma simples e organizada.

importante!

Tenha sempre em mente que você precisa – e deve – não somente atingir as expectativas do seu cliente, mas **tentar sempre superá-las!** Comece o atendimento sempre com um sorriso e um ótimo cumprimento!

Para ser um bom garçom, é preciso conhecer um pouco do perfil que esse profissional deve ter para atender aos clientes. A seguir, veremos quais são os requisitos técnicos e pessoais esperados de um garçom.

Características necessárias e formação profissional

Saber servir pode ser algo que nasce conosco, mas carregar uma bandeja, não; ou seja, a capacidade de servir pode nascer com você, mas a habilidade para fazer isso acontecer precisa ser aprendida. Portanto, não basta amarmos a profissão e termos o espírito de serviço; precisamos **aprender** como servir de forma fluida, educada e eficiente, para que conheçamos o padrão de serviço adotado na maioria dos países.

Isso mesmo! Com os conhecimentos técnicos adequados, você poderá se adaptar às diversas culturas e trabalhar em diferentes lugares do Brasil e do mundo.

Os requisitos técnicos estão relacionados, principalmente, às *habilidades manuais* e *de comunicação*, que ajudam a desempenhar melhor o papel de garçom. Essas habilidades são desenvolvidas de duas formas: a primeira, por meio de **cursos de nível profissionalizante**; a segunda, mediante a **experiência prática**, em que o dia a dia do trabalho irá lhe ajudar a moldar seu jeito de servir.

Atualmente, os **cursos profissionalizantes** têm se mostrado uma forma rápida e eficiente de buscar uma profissão, fornecendo o conhecimento básico necessário para capacitar alguém dentro de uma determinada área. Com o segmento de garçom e serviço também é assim. É possível fazer um curso com duração de uma semana e/ou mês (ou cursos com período de duração maior) e, **com o conhecimento adquirido, já estar apto a exercer a profissão!** Algumas instituições proporcionam, aliás, a experiência prática em hotéis ou restaurantes-escola.

No decorrer deste livro, iremos abordar os assuntos relacionados às habilidades técnicas necessárias para nos tornarmos garçons de sucesso. Sendo assim, você terminará a leitura deste livro com todo o conhecimento necessário para ser um **garçom de sucesso!** É o seu curso de garçom na sua casa!

importante!

Para se exercer a função de garçom, é necessário que o profissional seja alfabetizado e tenha **noções de matemática básica**, pois fechar contas, saber tirar o pedido, organizar e sugerir pratos do cardápio fazem parte de suas atribuições. **Saber se comunicar** com os clientes e com os colegas de trabalho, adequando a sua linguagem ao padrão de atendimento do estabelecimento e evitando vícios de linguagem e o uso de gírias também é importante.

Para que você possa entender melhor essa afirmação, imagine a seguinte situação: você trabalha em um restaurante de hotel 5 estrelas. Ao servir o café da manhã, você percebe que entre os hóspedes se encontra o governador de seu estado. Tratá-lo com *respeito e com educação é fundamental*, assim como usar uma linguagem adequada e agir de forma cortês com seu convidado.

Fique atento!

É preciso atender bem a todos os clientes, *independentemente de seu poder aquisitivo*. O modo de atender deve ser **igual para todos**. Lembre-se de que, no momento do atendimento, o **cliente deve ser visto como a pessoa mais importante** do seu estabelecimento.

Talvez o requisito técnico mais importante para um garçom seja sua **capacidade de observação**. Durante seu aprimoramento profissional, é muito importante que você desenvolva essa habilidade de forma contínua.

E o que seria essa capacidade de observação?

Capacidade de observação é estar atento a tudo o que ocorre ao seu redor. Como exemplo, pense na seguinte situação: um cliente deseja algo para beber. Contudo, não é adequado que este tenha de assobiar ou gesticular exageradamente para chamar a sua atenção. Basta uma **troca de olhares** ou um **gesto sutil com a mão** para que um bom garçom entenda qual é a necessidade do cliente.

Existem algumas convenções e regras dentro de um restaurante que quem está acostumado a frequentar sabe de cor, como a forma com que um cliente é levado à mesa, o modo com que o cardápio lhe é apresentado ou com que um vinho é servido. E eles esperam que você também saiba! Dessa forma, o seu poder de observação será testado diariamente. Contudo, **observar não significa intimidar ou deixar os clientes desconfortáveis**.

Seja discreto e se preocupe em desempenhar suas funções às vistas dos clientes. Esteja **atento a qualquer reação do seu cliente, mas sem olhar fixamente para ele**. Mantenha seu olhar vago, mas procure deixar seu cliente dentro do seu campo de visão, para que você possa perceber qualquer necessidade que este venha a ter. Quando o cliente esboçar qualquer gesto, veja se ele deseja alguma coisa.

Agilidade e **raciocínio rápido** também são importantes. Esteja sempre pronto para responder a qualquer pergunta do cliente, desde uma sugestão de prato, de combinação de vinho com comida até mesmo sobre os ingredientes que compõem determinado prato. *Sua rapidez conta muito nesse momento.*

Conhecer o *menu* do estabelecimento é essencial. Por isso, em seu tempo livre, leia e releia o cardápio para saber corretamente todos os itens. **Se tiver dúvidas, consulte a cozinha**, pois os profissionais que ali trabalham poderão lhe esclarecer qualquer situação que venha a ocorrer com os clientes.

Seja **detalhista** e **observador**. "Leia" seus clientes e procure compreender o que eles desejam e gostam antes de lhes sugerir um prato. Você não pode sugerir um prato que contenha camarão se o seu cliente for alérgico a esse alimento. Sempre que tiver dúvida sobre as preferências ou gostos do cliente, *pergunte a ele*. É a melhor saída para se evitar erros.

Essa leitura começa com atitudes simples, como o modo de se vestir, a forma como o cliente fala, como busca os pratos no *menu*. Ler, nesse caso, significa *entender o cliente de uma forma subjetiva*. Se este está mais atento aos preços do que ao cardápio, por exemplo, não sugira um vinho ou um prato muito caro! Se ele é um turista pela cidade e quer conhecer melhor os pratos, mostre os pratos típicos do restaurante.

Outra qualidade importante para esse profissional é a *paciência*. O garçom é aquele que **espera** os clientes chegarem, **espera** para tirar o pedido, **espera** para levar o prato à mesa, **espera** para retirar os pratos e **espera** para receber o pagamento.

importante!

Ter **paciência** e **serenidade** nesses momentos é fundamental! Não se deve perder a calma em momento nenhum. Se o cliente solicitar sua presença com frequência, não se irrite: *você está ali para servi-lo*. Se este solicitar a troca ou a retirada de um ingrediente, ou alguma informação a respeito de um prato ou item do cardápio, procure atendê-lo de **modo cordial**.

lembre-se!

Você deve tratar o cliente como se ele fosse o **único** naquele momento, atendendo-o com **atenção** e **exclusividade**. Esteja sempre com um sorriso no rosto e **somente se retire quando tiver certeza de que o cliente está satisfeito com as explicações ou o serviço.**

Como seu trabalho é visto por muitas pessoas, seus gestos e sua fala devem ser sutis e calmos. *Você não deve, jamais, ser o centro das atenções do restaurante*.

Além disso, sua **organização deve ser impecável**. Limpeza e asseio em relação às roupas e à higiene pessoal, bem como ao ambiente de trabalho, são fundamentais.

Mantenha tudo sempre **limpo** e **organizado**. Seu balcão de apoio e sua *praça de trabalho* devem ser organizados de forma que nada pareça estar fora do lugar.

Praça é o conjunto de mesas pelas quais o garçom fica responsável por atender e receber as comissões. Normalmente, variam entre 3 e 6 mesas. Essa divisão é feita para facilitar o trabalho, tornando-o mais adequado e fluido.

fique atento!

Um garçom **não deve interferir na praça de outro, por uma questão de ética e de organização.** Já pensou se cada garçom pudesse atender qualquer mesa em qualquer lugar do salão? Em um restaurante para 300 pessoas, com cerca de 50 a 60 mesas, ele andaria um bocado durante o serviço, não?

lembre-se!

Seu ambiente profissional e seus utensílios são seus **instrumentos de trabalho**, bem como sua aparência. Por isso, tenha sempre o cuidado de manter tudo em ordem.

Por falar em aparência, é essencial que o profissional:

- Esteja com o uniforme sempre limpo e bem passado;
- Tenha seus cabelos sempre alinhados e bem cortados;
- Mantenha suas unhas limpas e curtas, para evitar contaminação;
- Engraxe seus sapatos com frequência;
- Faça sempre a barba e mantenha saúde bucal em dia.

Uma das coisas que mais aborrece o cliente é o **hálito do garçom**: *jamais o deixe ser notado pelo freguês*. Por ficarmos um longo tempo sem ingerir alimentos, muitas vezes nosso hálito pode ficar desagradável. Entretanto, isso pode ser amenizado com a ingestão de balas e com os cuidados diários com a saúde bucal. Outra gafe é **mascar chicletes** durante o trabalho.

Há vários motivos que podem levar a clientela a frequentar um estabelecimento, como a **credibilidade do nome do restaurante**, os **pratos** que são servidos e a **qualidade do serviço**. Esta última tem a participação de todos os funcionários, desde o setor de recebimento de mercadorias até os serviços de garçom. *O garçom é a imagem do restaurante e de todos os seus colaboradores!* Por isso, além de uma boa apresentação, simpatia, bom humor e cordialidade são importantes!

lembre-se!

Você, como garçom, **representa toda a equipe do seu estabelecimento**. São as suas atitudes que irão cativar o cliente e transformá-lo em um freguês. **Agilidade** e **simpatia** fazem com que este nem perceba que está fora de casa. Porém, caso você o trate com antipatia e má vontade, o cliente não quererá mais voltar ao seu estabelecimento. Seja atencioso e **evite fazê-lo esperar muito tempo pelo pedido**. Esperar é algo que ninguém gosta, ainda mais com fome!

Por fim, **aja com naturalidade** e **seja você mesmo** todo o tempo. Isso o ajudará a criar um ambiente mais convidativo e familiar aos seus clientes. É com o seu modo de agir que eles irão se acostumar. Caso você faça algo forçado, os clientes perceberão que faltou naturalidade em seus atos. **Procure cativá-los o tempo todo**, mas faça isso com seu jeito natural, sem trejeitos.

Agora que você já tem algum conhecimento sobre as qualidades necessárias para ser um garçom, que tal conhecer um pouco do ambiente e da rotina de trabalho?

Ambiente de trabalho

O ambiente de trabalho do garçom é muito diversificado. Como vimos anteriormente, um garçom pode trabalhar em restaurantes simples, churrascarias, rodízios de pizzas, bares, restaurantes estrelados ou de hotéis, navios de cruzeiro ou eventos. Tendo em vista essa diversidade, você pode estar se perguntando: *Há algo em comum em todos esses ambientes?*

Claro que sim!

Primeiramente, vamos entender por que esse profissional pode trabalhar em tantos lugares diferentes. Lembra-se de quando contamos a origem da profissão? Como uma situação comum, temos que o garçom é aquele que serve as mesas de um estabelecimento durante uma refeição. Mas essa refeição pode ocorrer em diversos lugares, transformando vários ambientes em restaurantes, temporária ou definitivamente.

Imagine um navio de cruzeiro. Mesmo sendo uma embarcação, este deve possuir restaurantes, visto que seu sistema de funcionamento se assemelha ao de um hotel, com quartos para serem alugados por dia, camareiras para arrumá-los, uma recepção, restaurantes, bares, piscina e áreas de lazer.

Do mesmo modo, um espaço para eventos, que pode ser utilizado para um casamento, pode servir como um restaurante ou, ainda, uma casa de *show*.

E é em ambientes assim, tão similares e tão diferentes, que você irá trabalhar! Vamos entender o que temos de comum em cada um deles e depois explorar as peculiaridades de todos para saber como devemos trabalhar de forma correta e sem problemas com nossos colegas de trabalho.

Estrutura do ambiente de trabalho

O primeiro, e talvez o mais importante elemento que devemos considerar em um restaurante é a **mesa**. É nela que ocorre o ato de comer. As mesas devem ser **confortáveis**, **limpas** e possuir **todo o equipamento necessário para se realizar um bom serviço**: toalhas, pratos, talheres, taças e outros utensílios utilizados diariamente. No Capítulo 3, veremos com mais detalhes a respeito desses itens e como os utilizamos.

Outro instrumento importante de trabalho do garçom é o **aparador**, um tipo de armário onde ficam as taças, os pratos, os copos, os talheres sobressalentes e outros utensílios. São também armazenados nesse armário (ou na copa cambuza, quando houver) todos os itens de roupa de mesa, como guardanapo, toalha, naperon e moletom. No aparador, o garçom pode montar sua bandeja de bebidas, ajustar ou facilitar o serviço de pratos ou até mesmo preparar os utensílios para o serviço de vinhos.

Um dos locais mais frequentados pelos garçons é a **adega**. É nela que são acondicionados os **vinhos**, em condições ideais, para que eles sejam conservados. Na adega, a temperatura, a umidade e a luminosidade são controladas para que os vinhos mais caros envelheçam de forma boa, ou seja, tornando-se ainda melhores. **A manutenção, tanto da parte física quanto da organização de garrafas e rótulos, é tarefa do garçom**. Às vezes, esse serviço é feito por um garçom especializado, chamado de *sommelier* (especialista em vinhos em um restaurante).

Saber vender um vinho faz toda a diferença para o garçom! Com a venda de vinhos, você pode ganhar uma participação de 10% nas vendas totais da sua mesa. A isso, damos o nome de *taxa de serviço*, que é paga junto com a conta. Como o preço do vinho é mais elevado se comparado ao de outras bebidas, consequentemente, a **sua taxa de serviço será mais alta!**

Vender vinhos é prazeroso, pois, normalmente, quem entende de vinhos valoriza mais a comida e o bom serviço. Esses clientes buscam informações a respeito das melhores bebidas e, geralmente, são mais críticos em relação ao que lhes é oferecido. Assim, você tem um cliente interessante, que vai ser fiel ao estabelecimento, se **for bem atendido e se a comida e o vinho estiverem saborosos**.

Regras de conduta

Há algumas regras de conduta que todo garçom deve saber para poder trabalhar em restaurantes ou outros estabelecimentos. E essas regras incluem alguns hábitos simples, como **não fumar ou consumir bebidas alcoólicas** – não somente no salão, mas também em ambientes dentro do restaurante e no período de serviço. Imagine que você está em um restaurante e é atendido por um garçom que acabou de fumar um cigarro. Você não ficaria feliz em sentir o cheiro de fumo nas roupas ou na mão do profissional, não é mesmo?

O garçom **não deve trabalhar embriagado ou sob o efeito de outros entorpecentes e substâncias ilícitas**. Além de ser um trabalho exposto ao público, para desempenhar suas funções, o garçom depende de seus reflexos, de sua atenção e de sua capacidade de se comunicar de modo eficaz. Por isso, **não é agradável nem permitido o uso desses itens**.

fique atento!

Mesmo que o trabalho esteja tumultuado e com o salão cheio de clientes, um garçom *jamais deve correr ou demonstrar desespero*. O cliente espera calma, tranquilidade e serenidade do seu garçom. Se ele perceber que você está desesperado(a), irá se desesperar também. Em casos de emergência, entre em contato com seu superior, relate o problema e deixe que ele lhe auxilie com a solução. **Não se altere** ou **demonstre insegurança** para o cliente.

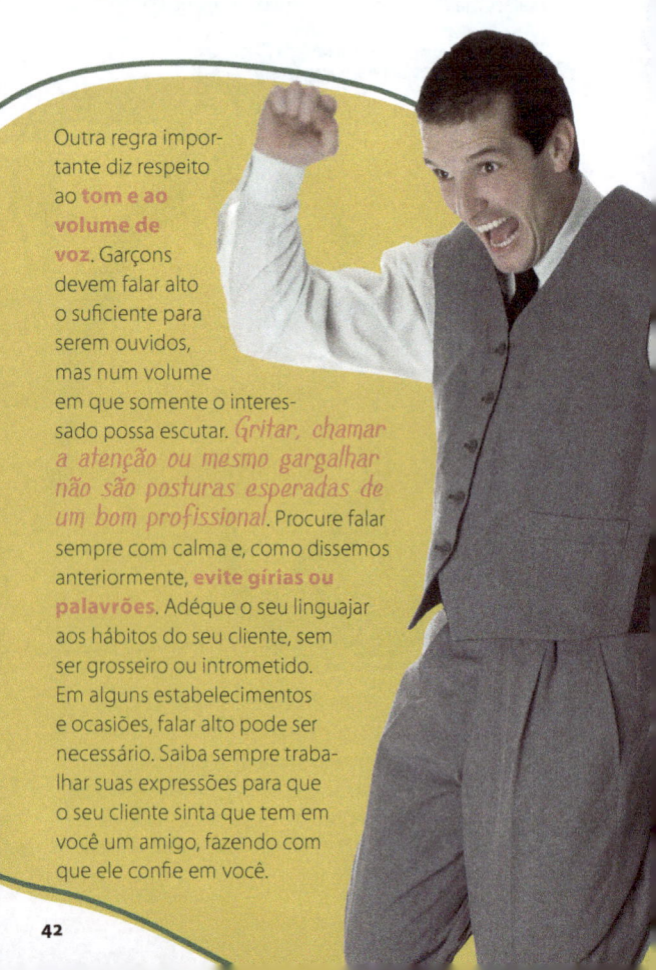

Outra regra importante diz respeito ao **tom e ao volume de voz**. Garçons devem falar alto o suficiente para serem ouvidos, mas num volume em que somente o interessado possa escutar. *Gritar, chamar a atenção ou mesmo gargalhar não são posturas esperadas de um bom profissional*. Procure falar sempre com calma e, como dissemos anteriormente, **evite gírias ou palavrões**. Adéque o seu linguajar aos hábitos do seu cliente, sem ser grosseiro ou intrometido. Em alguns estabelecimentos e ocasiões, falar alto pode ser necessário. Saiba sempre trabalhar suas expressões para que o seu cliente sinta que tem em você um amigo, fazendo com que ele confie em você.

O garçom está o tempo todo circulando pela praça do restaurante (que são as mesas), escutando conversas e assuntos diferentes.

Você jamais deve se intrometer em uma conversa em que não foi convidado ou dar sua opinião sobre um assunto que está sendo conversado em outra mesa.

importante!

Independentemente de ser convidado pelo cliente, **você não deve sentar à mesa ou degustar qualquer prato.** Isso é inadmissível.

Fique sempre atento a todas às mesas que lhe foram destinadas. **Não dê atenção a apenas uma mesa,** mesmo que esta seja destinada a um cliente importante. Como dissemos anteriormente, **todos os clientes são iguais e não devemos fazer distinção!**

Por fim, temos algumas considerações em relação à postura do profissional no ambiente de trabalho:

- Jamais se apoie em paredes ou móveis;
- Não sente em cadeiras ou mesas, mesmo que não haja clientes por perto;
- Ao atender o cliente, cuide com seus gestos. Eles devem ser comedidos e não espalhafatosos;
- Não toque o cliente, em hipótese alguma, a não ser em um cumprimento formal na entrada, caso ele seja costumeiro ou conhecido. Caso contrário, não é necessário.

Horários de trabalho

O próximo passo é conhecermos os horários de trabalho de um garçom, que são um pouco diferentes do comércio e dos escritórios.

Expediente diurno

Os horários de funcionamento de um restaurante são no período do **almoço** e do **jantar**. Para que o estabelecimento esteja devidamente arrumado para receber os clientes, muitos estabelecem o horário de entrada de seus profissionais de salão (os garçons) por volta das 9h30 ou 10h.

Às 11h, o local já deve estar pronto para receber a clientela. O trabalho se estende normalmente até às 15h ou 16h, dependendo do estabelecimento.

Para quem trabalha em hotéis, o quadro de horários é fixo e segue o padrão hoteleiro, com turnos das 7h às 15h, das 15h às 23h e das 23h às 7h.

Expediente noturno

À noite, os restaurantes começam a organizar seus espaços a partir das 17h. Os horários de entrada dos garçons são escalonados de acordo com um quadro de folgas e horários, de forma a ter sempre funcionários disponíveis para trabalhar em horários mais extremos, como muito cedo e muito tarde (o que são chamados de *horário de abertura e fechamento do estabelecimento*), e nos períodos de mais movimento – normalmente, das 20h às 23h.

O trabalho pode se estender até a meia-noite ou 1h, ou, no caso de bares, até um pouco mais. Alguns bares chegam a trabalhar até às 6h ou 8h.

lembre-se!

Tanto em hotéis quanto em restaurantes e bares, os dias de maior movimento normalmente são as sextas-feiras e os sábados. Por isso, dificilmente algum funcionário folga nesses dias. Esteja pronto para trabalhar!

Normalmente, as folgas ocorrem uma vez por semana, geralmente em dias de menor movimento, como domingos, segundas e terças. Cada estabelecimento organiza seu quadro de horários e de folgas de acordo com o movimento. Por lei, o funcionário tem direito a um domingo por mês de folga, que deve ser contemplado dentro do seu quadro de folgas.

Cabe ao gestor do estabelecimento ou ao gerente do setor estabelecer esses quadros, normalmente anunciados com antecedência para os funcionários, de modo que estes possam programar seus horários. Trabalhar em dias em que, normalmente, as outras pessoas descansam é um dos fatores que deixa os futuros garçons em dúvida quanto ao trabalho. Contudo, como já dissemos anteriormente, deve existir uma **vontade de servir** em seu interior, que compensa esses dias trabalhados com o prazer em estar fazendo seu trabalho benfeito. Afinal, cada um tem uma função, não é mesmo? Existem pessoas que trabalham durante toda a noite para assegurar nossa saúde, a limpeza de nossas ruas, nossa segurança. Os garçons trabalham em horários diferentes para **proporcionar alegria, lazer e prazer** às pessoas que trabalham durante toda a semana.

Essa *disponibilidade*, aliás, é um dos **prerrequisitos para se trabalhar no setor de serviços**. Um garçom pode trabalhar na área de eventos e estes normalmente ocorrem em períodos do dia e da semana bastante diferenciados, como apenas em finais de semana ou somente às sextas-feiras. Isso dependerá da **política de trabalho** do estabelecimento em que se presta serviço.

O **garçom de eventos** pode trabalhar em festas, confraternizações, reuniões etc. Assim, esse profissional deve possuir o conhecimento necessário a qualquer garçom, mas também deverá ser ainda mais **versátil**, pois cada tipo de evento possui um **determinado perfil**. É exigido desse profissional saber trabalhar em diversos tipos de serviço, com diferentes tipos de clientes e público. Seus horários são organizados de acordo com cada evento; por isso, *ter disponibilidade é fundamental*.

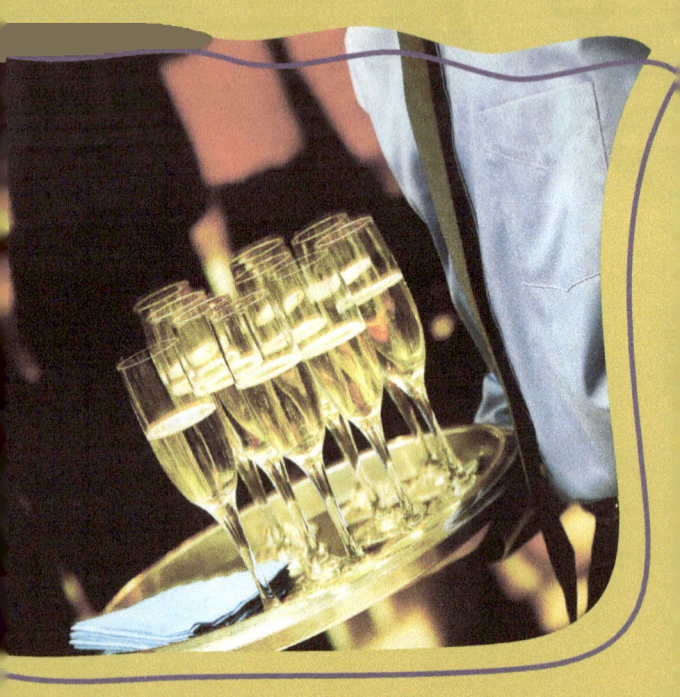

Normalmente, o garçom de eventos trabalha por uma **taxa de serviço**, estabelecida antes de iniciar o trabalho. Essa taxa é um valor relativamente bom, pois esse tipo de garçom **não possui estabilidade de um salário fixo no mês**. Porém, existem bons profissionais no mercado que trabalham durante o dia em restaurantes que servem almoço e, aos finais de semana, no período da noite, trabalham em eventos. Essa é uma forma de conseguir melhorar a renda mensal, mas é preciso que o garçom tenha **disponibilidade** e **flexibilidade de horário**.

Os **garçons de restaurante** geralmente ganham o seu primeiro uniforme, de modo que possam trabalhar de acordo com as normas do restaurante. Já os de eventos, normalmente, possuem um uniforme-padrão (que será complementado por algum acessório específico do evento): calça e sapatos pretos, além de camisa branca. Em alguns casos, **o garçom de eventos deve levar sua bandeja, seu abridor de vinhos e seu bloco de anotações com caneta**. Isso é normal dentro do ramo.

O garçom trabalha diretamente com a cozinha. Por isso, é preciso existir uma **relação harmônica** entre ele e o pessoal da cozinha, para contar com a boa vontade destes em casos de mudança de pratos ou solicitações especiais.

lembre-se!

O cliente deve ser bem atendido e sair satisfeito de seu estabelecimento. **Não importa se existem desentendimentos entre cozinha e salão: o serviço deve ser feito de modo que esses problemas não transpareçam** para quem está consumindo dentro do restaurante.

A cozinha é a fonte de todos os produtos que são comercializados no restaurante e é de lá que vêm as explicações a respeito do cardápio, dos ingredientes, dos modos de preparo e da apresentação dos pratos.

Para saber, por exemplo, se um prato serve uma ou duas pessoas, *você precisa perguntar à cozinha*. Se um cliente alega ser alérgico a alho, você precisa confirmar com a cozinha se o prato desejado contém esse ingrediente e, em caso afirmativo, se ele pode ser retirado.

fique atento!

No Capítulo 4, veremos que existem diversas restrições alimentares. **Ter conhecimento a respeito do assunto é fundamental para o garçom**. Atender ao cliente, respeitando suas necessidades especiais, é essencial para cativá-lo.

Por fim, podemos perceber que **o trabalho em um restaurante não é fácil**. No entanto, pode ser muito prazeroso para quem gosta de servir e interagir com as pessoas. Por isso, você deve ser uma pessoa **comunicativa**, **extrovertida**. Mas isso não significa ser alguém que queira chamar a atenção o tempo todo! É ser alguém **agradável**, que tenha **consciência** de que em certos momentos **deve se afastar** e **deixar seus clientes à vontade**.

> Na continuação deste livro, você descobrirá mais detalhes e aprenderá o necessário para ser um grande profissional! Ao final, vai perceber que essa é uma grande profissão que precisa de bons profissionais! Faça parte desse grupo!

Ética profissional e responsabilidade social

Você sabe o que é ética?

Ética é fazer o seu trabalho de forma com que você **não transgrida** algumas regras de boa conduta estabelecidas pelos seus colegas de profissão e pela sociedade. **É uma reflexão a respeito de sua conduta profissional**.

Normalmente, essas regras não se encontram escritas ou formalizadas em um manual ou código relativo à profissão que se escolheu. Contudo, o *mercado determina normas de conduta*, de modo que se possa estabelecer um tipo de profissional ideal.

A ética se inicia em nossa vida pessoal. Ao observarmos as atitudes diárias de alguém, podemos perceber o quanto uma pessoa pode ser ética no trabalho. Ser **proativo, ajudar os outros em suas tarefas, ser honesto, saber trabalhar em equipe e valorizar o trabalho de seu colega** são exemplos de atitudes de pessoas éticas.

Um garçom ético:

- É sincero com seus clientes e colegas de trabalho;
- Não age de má-fé com as pessoas, querendo prejudicá-las;
- Não se apropria do trabalho ou do resultado do serviço de outros profissionais;
- Procura fazer seu trabalho de forma benfeita, independentemente de receber, ou não, elogios.

Um exemplo de conduta ética pode ser visto no caso das comissões. Cada garçom ganha 10%, ou outro valor acordado com o patrão, das vendas feitas em seu nome. Seria falta de ética, por exemplo, apropriar-se das vendas de um colega para aumentar sua comissão no final do mês.

A **ética** e os **valores morais** servem como base para crescermos tanto em nossa vida profissional quanto pessoal, fazendo com que sejamos respeitados por amigos, colegas e chefes.

lembre-se!

Seja responsável e deixe claro às pessoas que trabalham e se relacionam com você de que é capaz de cumprir com suas tarefas. Mostrar segurança e tranquilidade faz com que as pessoas confiem em você.

Ser ético é também ter um compromisso social. É agir de forma com que a sociedade seja sustentada por valores bons e não por aqueles que são capazes de passar por cima dos outros para atingir seus objetivos.

A nossa responsabilidade social é criar uma sociedade que reflita bons valores aos seus filhos, ensinando que apenas o trabalho pode enriquecer de forma justa e honesta. Com esses princípios de ética, conseguimos fazer uma sociedade ainda melhor para o futuro, espelhando os valores que nos foram ensinados e que devem ser perpetuados para o bom andamento da humanidade.

Faça sua parte para com o desenvolvimento da profissão e da sociedade como um todo. Aja de forma com que não existam dúvidas sobre a sua conduta e o seu compromisso com o seu trabalho e a sociedade. Seja sempre ético em seus pensamentos, suas atitudes, seus gestos e suas palavras. *Você só tem a ganhar com isso!*

menu de exercícios

1. Qual é a função de um garçom? Como podemos definir seu trabalho? .... pg. 12

2. Como está o mercado de trabalho para os garçons? .... pgs. 16-20

3. Cite alguns requisitos técnicos necessários para ser um garçom. .... pgs. 24-25

4. Quais são as características, em relação à personalidade, necessárias a um garçom? .... pgs. 23-31

5. O que você entende por ética na profissão de garçom? .... pg. 55

2 Manipulação de alimentos

Você sabia que o garçom também é considerado um manipulador de alimentos? Isso mesmo! É ele o responsável por levar a refeição até o cliente. Por isso, levando-se em conta que o garçom está sempre em contato direto com a comida, **é muito importante que o profissional saiba quais são as normas de higiene adequadas para desempenhar a sua função**. Neste capítulo, veremos quais são essas normas, como ter uma boa higiene pessoal, além de conhecermos as regras para melhorar nossa saúde e segurança no trabalho.

Normas de higiene

Você sabe o que são doenças transmitidas pelos alimentos? São doenças causadas pela contaminação dos alimentos por parasitas, micróbios ou substâncias tóxicas.

Todos os anos, milhares de pessoas se contaminam por meio dos alimentos. Tal fato, além de ser prejudicial à saúde, acaba sendo uma propaganda negativa para o estabelecimento onde trabalhamos! Assim, saber manipular os alimentos ajuda a prevenir esses incidentes.

Os sintomas comuns da contaminação por alimentos são enjoo, vômito, diarreia, dor de cabeça e/ou estômago e, às vezes, febre. Precisamos ter muito cuidado quando manipulamos os alimentos, pois, muitas vezes, é possível haver complicações que podem ser fatais. **Os cuidados com mulheres grávidas, idosos e crianças devem ser redobrados, visto que, devido ao organismo mais frágil, estão mais suscetíveis a contaminações**.

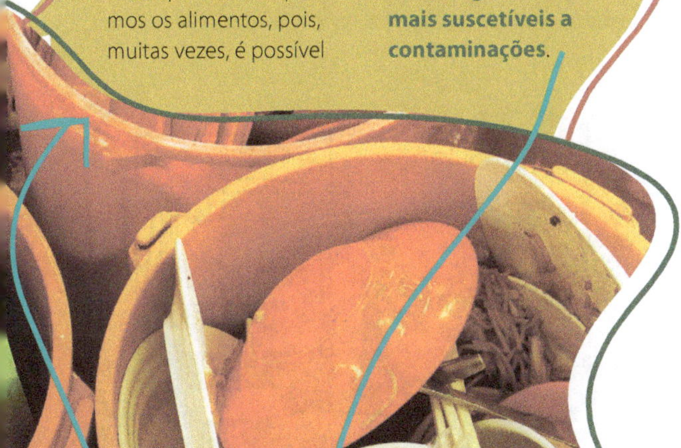

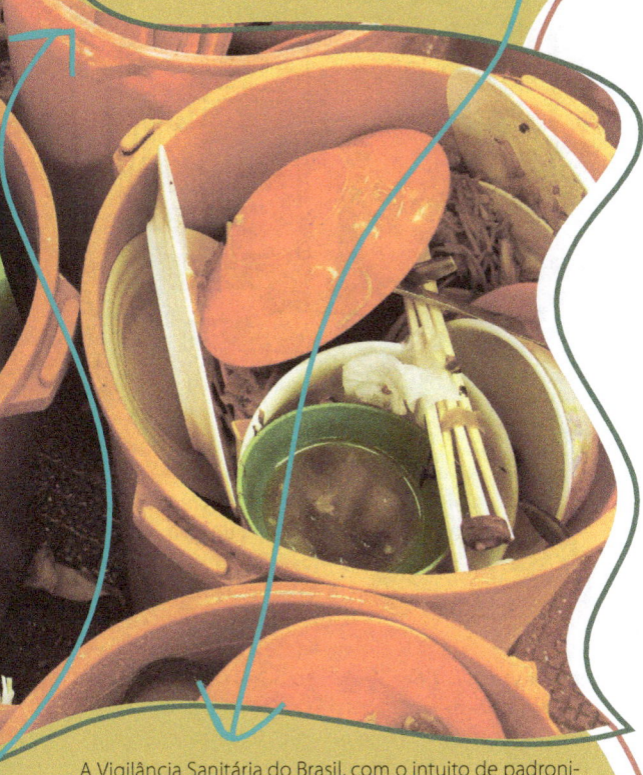

A Vigilância Sanitária do Brasil, com o intuito de padronizar os serviços de alimentação, estipulou **regras específicas** sobre os procedimentos a serem tomados em relação ao **manuseio de alimentos**. Esses procedimentos englobam desde o seu recebimento pelo estabelecimento até a sua chegada à mesa do cliente.

Os cuidados com os alimentos começam já no momento do recebimento das mercadorias, que devem ser inspecionadas de acordo com as medidas, o peso, a temperatura e as características do produto – se ele está fresco, se consta a data de validade na embalagem, se as características visuais do produto (cor, forma), a textura e o odor estão de acordo com o estipulado, além do modo de armazenamento. Por isso, itens fora de refrigeração, em caixas molhadas ou deteriorados já são devolvidos imediatamente.

importante!

É fundamental saber a *procedência do produto*. Para isso, os estabelecimentos devem visitar seus fornecedores, credenciando e capacitando esse fornecedor. Dessa forma, o estabelecimento consegue ter um controle maior da qualidade dos produtos que chegam a sua cozinha. Os fornecedores são parceiros de trabalho que devem atender às exigências higiênico-sanitárias adequadas. Embora eles sejam responsáveis por fornecer os alimentos que serão consumidos nos estabelecimentos, é responsabilidade destes a criação de padrão de qual tipo de fornecedor irá oferecer a mercadoria, como este atenderá às necessidades do estabelecimento e quais são os critérios de trabalho a serem cumpridos, como prazos, horários, qualidade da entrega das matérias-primas etc.

Após o recebimento da mercadoria, esta será armazenada em local adequado, com temperatura e condições adequadas a cada produto, seguindo os padrões de higiene estipulados.

Depois do armazenamento da mercadoria, inicia-se o processo de preparação na cozinha, que segue regras muito rígidas. Todos os manipuladores de alimentos devem fazer exames periódicos para saber se estão com alguma doença contagiosa.

Todos os materiais e utensílios da cozinha devem ser limpos e bem guardados. A cozinha deve contar com telas e portas de fechamento automático, de forma a prevenir a entrada de pragas e vetores urbanos, como ratos, moscas, baratas etc.

Além disso, os ralos e os esgotos devem contar com um sifão – tubo de dupla curvatura, em cujo interior fica certa quantidade de água, e que, adaptado a pias, a latrinas etc., impede a emanação de mau cheiro (Houaiss, 2009).

Etapas de recebimento e armazenamento de mercadorias

- Pedido feito
- Conferência de recebimento
- Recebimento de mercadorias
- Estocagem das mercadorias de acordo com o tipo

(Resfriadas, congeladas, estoque seco, itens de limpeza)

Em relação aos manipuladores de alimentos, estes devem:

- Usar roupas limpas e claras, mostrando seu asseio;

- Aparar as unhas, para evitar contaminações;

- Prender os cabelos e não utilizar brincos, anéis, pulseiras, relógios ou qualquer adorno que possa cair na comida;

- Higienizar com frequência e corretamente as mãos. Isso é **fundamental**, pois os micróbios ou parasitas que, porventura, estiverem em nossas mãos podem contaminar a comida.

Alguns alimentos podem ser **contaminados por parasitas no momento em que são irrigados**. Por isso, é importante a limpeza correta também de cada item que chegar à cozinha.

Já os **micróbios** são transmitidos, normalmente, por meio das mãos, pelo contato com outra superfície ou substância contaminada.

Para prevenir essa contaminação, é fundamental *lavar as mãos* e **fazer o cozimento correto dos alimentos**.

Os micróbios se reproduzem em temperaturas médias, por isso, **o alimento deve ser servido logo após ser preparado**. Dessa forma, evita-se que ele seja exposto muito tempo a temperaturas perigosas (entre 7 °C e 60 °C). A temperatura mais perigosa é em torno de 35 °C.

Quanto mais tempo o alimento fica exposto a essas temperaturas, maior é a multiplicação dos micróbios.

Higiene pessoal

Não adianta nada o cuidado em todo o processo de manipulação e armazenamento dos alimentos se no fim dele não houver o mesmo cuidado por parte do garçom. Sim, **o garçom também é um manipulador de alimentos** e faz parte do processo de produção e distribuição destes. Por isso, é muito importante que *você mantenha seus hábitos de higiene pessoal em dia*. Com suas roupas limpas, sua higiene pessoal correta, a chance de que tenhamos alguma contaminação de alimentos durante o trabalho é cada vez menor!

Por isso, tome sempre cuidado com sua higiene pessoal, conforme consta a seguir:

- Mantenha as roupas limpas e passadas;
- Tome banho diariamente, de preferência antes de iniciar o trabalho;
- Troque o uniforme diariamente;
- Lave as mãos sempre antes de começar o trabalho e diversas vezes durante o serviço;
- Mantenha o cabelo preso, curto ou com gel, de forma a evitar que este caia na comida;
- Evite o uso de adornos e acessórios que possam cair no alimento;
- Evite falar em cima do alimento;
- Não toque o alimento com as mãos; use utensílios devidamente limpos;
- Lave sempre as mãos após usar o banheiro ou sair do ambiente de trabalho;
- Mantenha a saúde bucal em dia.

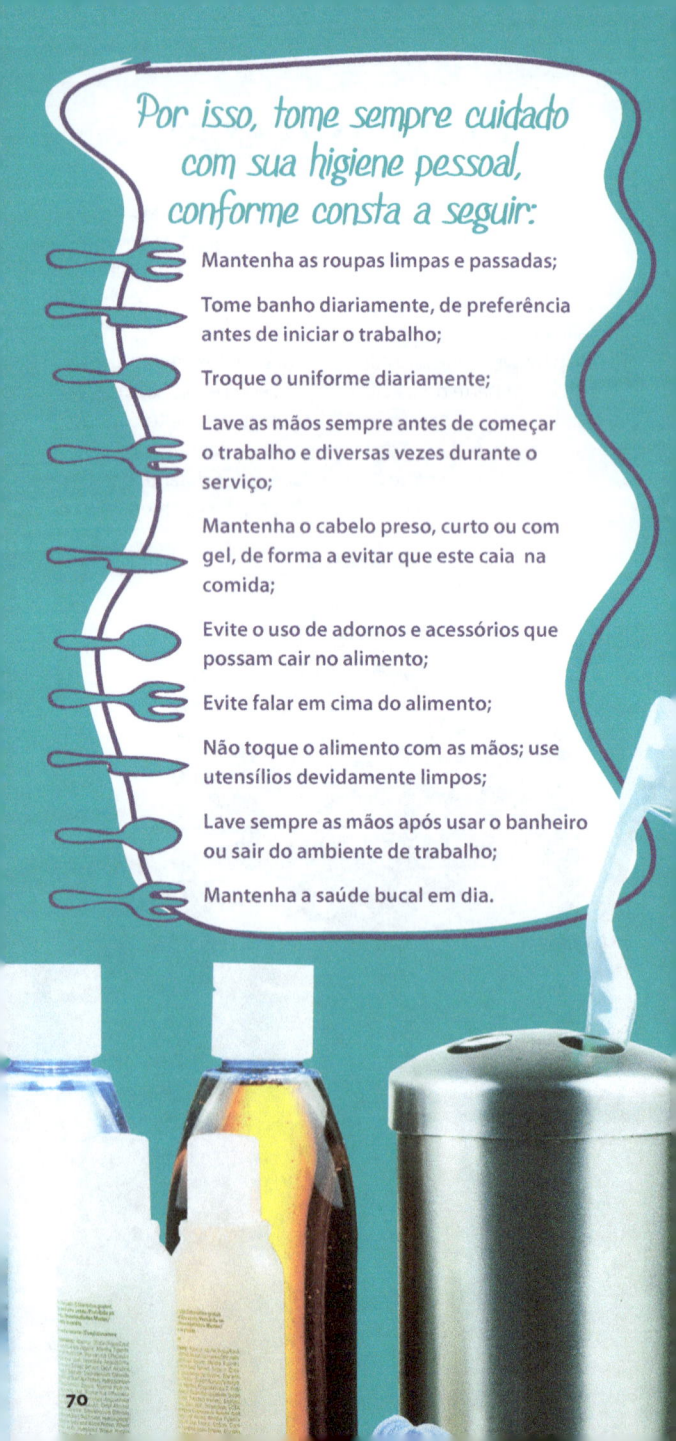

Além desses hábitos, **mantenha sempre boas práticas ao manipular e preparar sua praça**. Seus utensílios e os equipamentos utilizados também podem contaminar os alimentos. Dessa forma, tome os seguintes cuidados:

- Mantenha sua bancada limpa e esterilizada;
- Esterilize os itens usados, como saca-rolhas, pegadores etc.;
- Evite o uso de luvas de pano;
- Mantenha os talheres, pratos, taças e copos sempre polidos e protegidos de pó e outros fatores ambientais;
- Não deixe o alimento esperando muito tempo antes de ser servido.

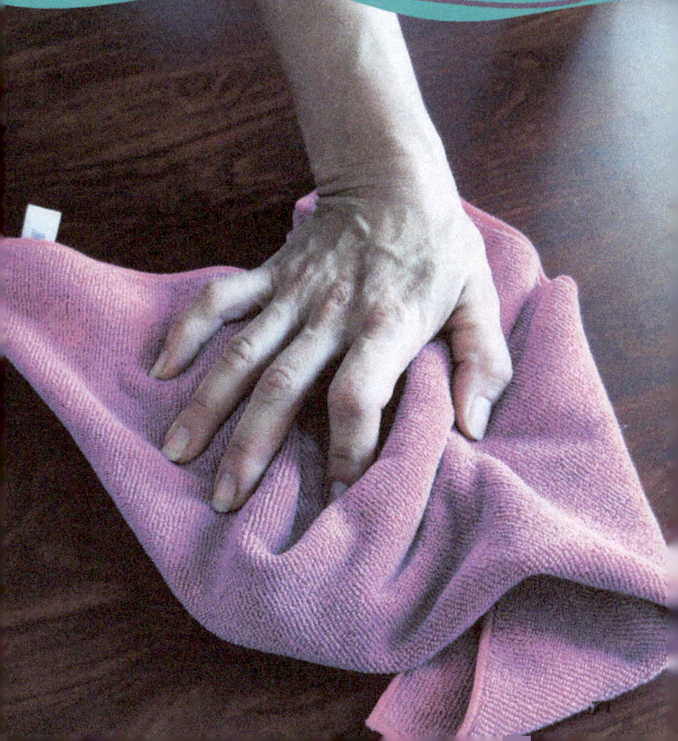

Se você seguir essas regras, certamente o seu serviço não será atrasado ou prejudicado pelos padrões de higiene que você adotar. Ao tomar cuidado com a manipulação dos alimentos, em pouco tempo você será exemplo no seu ambiente de trabalho e contará com o respeito não só dos seus clientes, mas também dos seus chefes e colegas.

importante!

Um cuidado especial deve ser tomado com o lixo gerado no restaurante, pois este possui grande potencial de contaminação. Quando for retirar o lixo, cuide para não cruzar com algum cliente; deixe que todos saiam do estabelecimento ou faça a retirada por algum local estratégico. Os sacos de lixo utilizados devem ser reforçados, para evitar rasgos durante o processo de retirada.

Segurança no trabalho

Para manter sua integridade física durante o serviço, é importante que você tenha alguns cuidados básicos em relação às vestimentas, aos utensílios, aos equipamentos e aos colegas de trabalho.

Um garçom é mais do que um simples carregador de bandeja: **ele é um atendente de alimentos e bebidas**. Para realizar as suas tarefas, é necessário manipular instrumentos e utensílios que podem ser perigosos, além de trabalhar em um ambiente que oferece alguns riscos para a saúde e integridade física, como a cozinha.

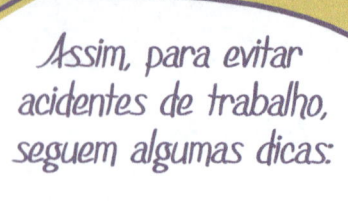

Assim, para evitar acidentes de trabalho, seguem algumas dicas:

Para evitar quedas, utilize um sapato com solado mais aderente.

Tenha cuidado com o manuseio de instrumentos cortantes e perfurantes. Em diversos momentos, o garçom pode ser solicitado para realizar serviços de bar, como fazer um coquetel, abrir um vinho, lavar uma taça ou copo, manipular equipamentos, como um extrator de suco ou mesmo um liquidificador. Por isso, esteja sempre atento quando for mexer com esses utensílios. *Eles são perigosos somente se mal utilizados.* Cortar a mão fazendo uma caipirinha pode ser mais comum do que você pensa.

Quebrar uma garrafa, um copo ou uma taça também pode ser perigoso. Caso um acidente desse tipo ocorra, com uma luva ou outra proteção, retire todos os cacos à vista e os coloque dentro de uma caixa de papelão ou os embale em um jornal. Varra o local adequadamente, retirando os pedaços menores de vidro que ainda ficaram no chão ou outra superfície. Ao fazer o descarte dos cacos, é preciso tomar muito cuidado para que estes não perfurem os sacos de lixo (ou a caixa de papelão) e causem ferimentos nos funcionários do restaurante e nos encarregados por fazer a coleta pública do lixo. Pode ser muito perigoso um caco de vidro cortar uma pessoa.

Se ocorrer a quebra de um copo ou taça durante a lavagem, espere até que toda a água e espuma desapareçam para que você não seja surpreendido com um corte por não ver os pedaços de vidro.

Ao abrir um vinho, cuide com o lacre da garrafa e o saca-rolhas. Este possui uma lâmina cortante para a cápsula e uma ponta afiada na rosca do saca-rolha. Cuidado para não se furar ou se cortar.

lembre-se!

Tanto na cozinha quanto no salão, bem como nos ambientes de circulação, o piso pode conter água, óleo ou outro tipo de resquício líquido. Isso pode causar escorregões, quedas e fraturas.

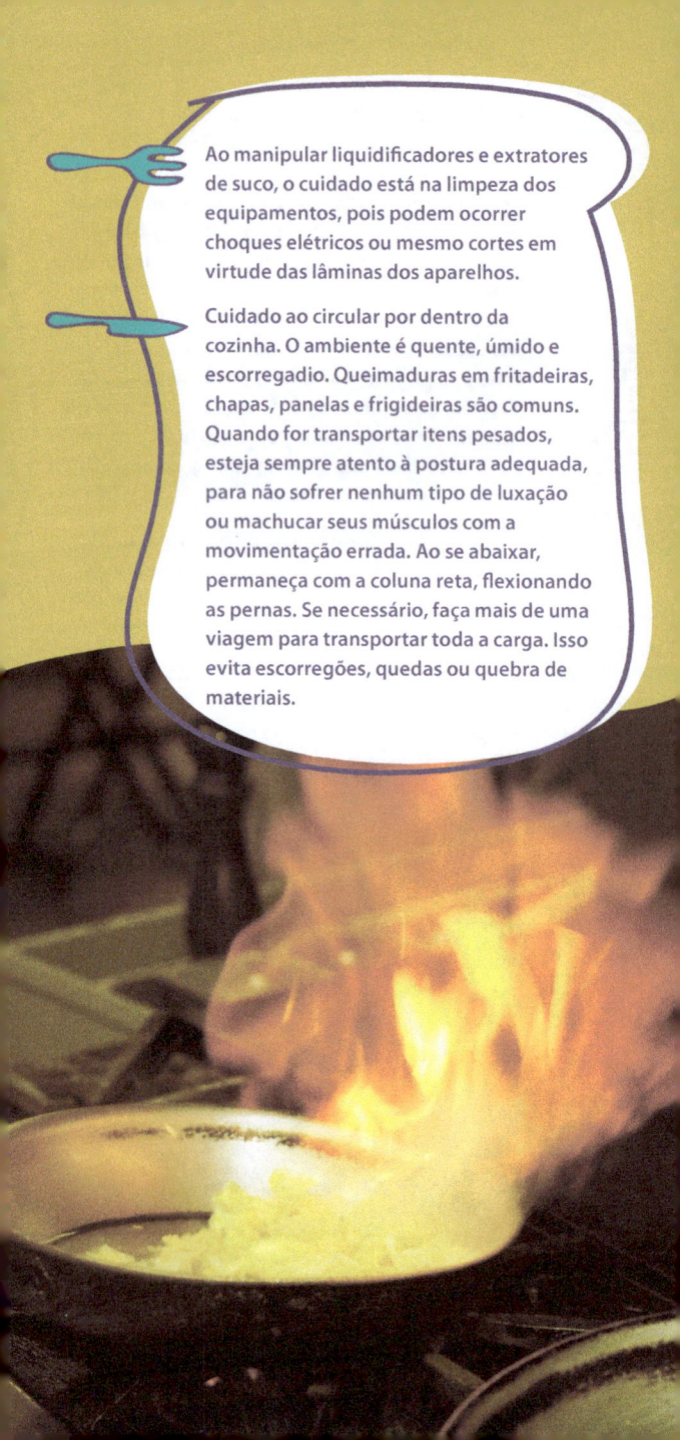

Ao manipular liquidificadores e extratores de suco, o cuidado está na limpeza dos equipamentos, pois podem ocorrer choques elétricos ou mesmo cortes em virtude das lâminas dos aparelhos.

Cuidado ao circular por dentro da cozinha. O ambiente é quente, úmido e escorregadio. Queimaduras em fritadeiras, chapas, panelas e frigideiras são comuns. Quando for transportar itens pesados, esteja sempre atento à postura adequada, para não sofrer nenhum tipo de luxação ou machucar seus músculos com a movimentação errada. Ao se abaixar, permaneça com a coluna reta, flexionando as pernas. Se necessário, faça mais de uma viagem para transportar toda a carga. Isso evita escorregões, quedas ou quebra de materiais.

Existem regras que foram convencionadas com base na rotina de trabalho do restaurante. Cada estabelecimento tem as suas e, normalmente, elas são passadas logo nos primeiros dias de trabalho.

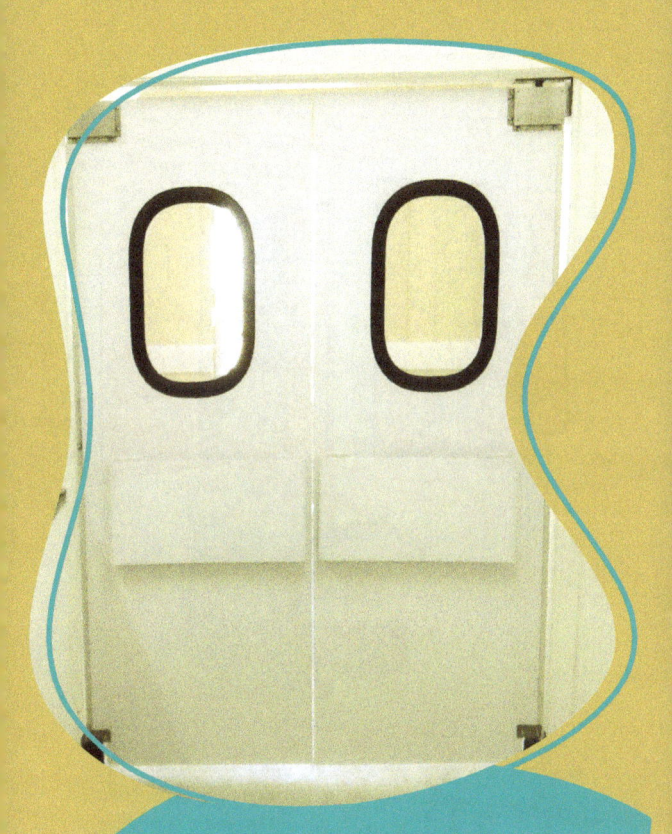

Uma dessas regras diz respeito às **portas do tipo vai e vem**. Esse tipo de porta possui duas folhas, com molas que as deixam fechadas o tempo todo, o que a torna muito funcional. Normalmente, ela tem janelas para que possamos ver se há alguém vindo na direção oposta. Como são praticamente duas portas, uma ao lado da outra, que abrem e fecham sozinhas, temos que tomar alguns cuidados.

Para evitar acidentes, como quando duas pessoas tentam empurrar a porta em sentido contrário ou quando alguém abre a porta no momento em que outro profissional está saindo com uma bandeja, foi criada a *regra da mão direita*.

De acordo com essa regra, **deve-se sempre usar a folha da porta do lado direito**, independentemente de a pessoa estar entrando ou saindo pela porta, pois o indivíduo que vem em sentido contrário usará a folha oposta. Assim, evitam-se trombadas e acidentes.

importante!

Se você tem dúvidas de qual conduta tomar ou como proceder com um determinado trabalho, pergunte aos colegas mais antigos ou a seu chefe ou superior. A comunicação evita acidentes e trabalhos desnecessários.

Ao utilizar essas e outras regras que você descobrirá no seu dia a dia de trabalho, você proporcionará um espaço mais seguro para todos, inclusive para você!

menu de exercícios

1. Por que é importante mantermos nossa higiene pessoal em dia? Cite quatro exemplos de cuidados diários com a higiene pessoal. .... pgs. 69-72

2. Qual a temperatura mais perigosa para proliferação de micro-organismos nos alimentos? .... pg. 68

3. O que você entende por segurança no trabalho? Dê quatro exemplos de cuidados que um garçom deve ter no ambiente de trabalho. .... pgs. 73-77

4. Qual são os cuidados a serem tomados em relação às portas de vai e vem? .... pgs. 77-78

5. Qual o ambiente mais perigoso em relação a acidentes de trabalho: o salão ou a cozinha? Por quê? .... pg. 73

3
O trabalho de garçom

Agora que já sabemos sobre a origem da profissão, como é o ambiente de trabalho e os cuidados que devem ser tomados para se evitar acidentes, vamos começar a entender e a aprender o que realmente faz um garçom? Neste capítulo, conheceremos a rotina de trabalho e as atribuições do garçom, que servirão de base para o próximo capítulo, em que será abordado a respeito do conhecimento técnico sobre o serviço. Vamos lá?

81

Hierarquia de trabalho

O restaurante possui uma hierarquia que estabelece como será feita a divisão do trabalho e quais serão as atribuições de cada funcionário. É por meio dela que sabemos a quem devemos obedecer e quem devemos coordenar, ou seja, **determina a relação de subordinação entre os funcionários** – quem ficará responsável pelo cargo de chefia e quem ficará subordinado a este. Para compreender a função de cada cargo dentro da hierarquia de trabalho, veja a figura da página a seguir.

Neste livro, vamos nos ater à linha hierárquica relativa aos funcionários que trabalham no *salão* de um restaurante (que é como chamamos o ambiente de trabalho do garçom, onde ficam as mesas, os clientes e onde é servida a comida), pois é o nosso foco nesse livro. Portanto, com base na figura, explicaremos as funções correspondentes aos cargos de gerente, *maître*, assistente de *maître*, chefe de fila, garçom e *commis* de restaurante.

Hierarquia de trabalho de um restaurante

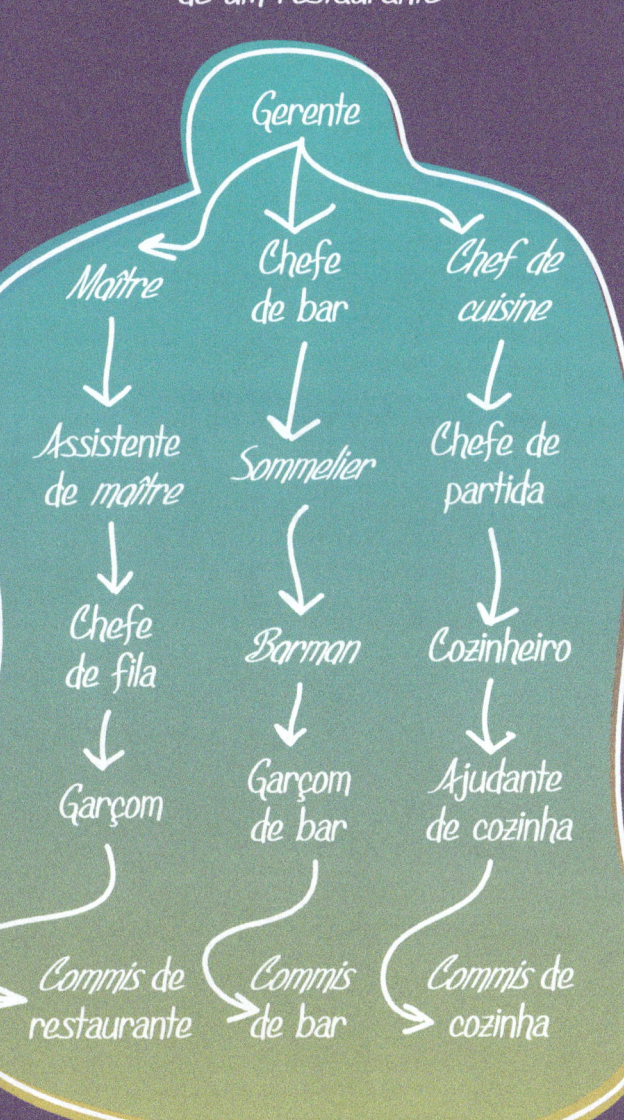

- Gerente
  - Maître
    - Assistente de maître
      - Chefe de fila
        - Garçom
          - Commis de restaurante
  - Chefe de bar
    - Sommelier
      - Barman
        - Garçom de bar
          - Commis de bar
  - Chef de cuisine
    - Chefe de partida
      - Cozinheiro
        - Ajudante de cozinha
          - Commis de cozinha

Gerente

O **gerente** é o responsável pelo bom andamento da casa e pela comunicação entre todos os setores do estabelecimento (salão, bar e cozinha). É ele que **controla os custos** e, com base neles, **projeta os preços** do cardápio. O gerente **faz o contato direto com o cliente** – para saber como está o andamento do trabalho do restaurante – e fica responsável por **resolver eventuais problemas**. Além disso, é ele que **supervisiona** as folgas, os pagamentos, o recebimento de mercadorias, o inventário de estoque e de equipamentos e enxoval da casa (materiais de uso diário, como pratos, talheres, toalhas, guardanapos, panos, bandejas, copos, taças etc.), bem como o trabalho de todos os setores.

Maître e assistente de maître

O **maître é o chefe de todo o setor do salão**. Cabe a ele a função de **coordenar todos os garçons, chefes de fila e assistente de maître**. A *metria* de um restaurante, como costumamos chamar, é uma responsabilidade que lembra a de um maestro. O *maître* deve coordenar seus funcionários de forma elegante para que ninguém perceba o que está acontecendo.

É responsabilidade do *maître* **recepcionar** e **encaminhar os clientes à mesa**. Feito isso, ele deverá **apresentar as cartas** de comida e bebida e **deixar o cliente à vontade** para que este escolha o pedido. Quando o cliente der sinais de que já decidiu o que pedir (normalmente, fechando o cardápio), o *maître* deve se **dirigir à mesa para anotar o pedido** e repassá-lo a um garçom, que ficará encarregado de servir a mesa. Em muitos casos, o maître deixa de fazer essas funções para **atender a clientes importantes** ou que falem outras línguas, **controlar o centro de custos do salão** ou mesmo **contratar** ou **remanejar sua equipe**.

Já o **assistente de maître** é o funcionário que está aprendendo as atribuições do *maître* para poder substituí-lo em casos de necessidade. Ele divide as funções com o *maître* para dar um melhor andamento ao restaurante.

Chefe de fila

O **chefe de fila** é o responsável por **coordenar um grupo de garçons**, normalmente não superior a cinco, com o intuito de auxiliar o *maître* e o assistente deste, podendo resolver questões emergenciais, como o atendimento a um cliente insatisfeito ou a correção de um simples problema ocorrido. Em restaurantes de grande porte, ele se **responsabiliza por tirar os pedidos e organizar o serviço em um conjunto de praças**. Caso seja necessário, ele pode ajudar a um garçom no serviço ou mesmo substituir o *maître* em caso de ausência deste. Ele também é responsável por **cuidar do *mise en place*** (que será explicado mais adiante) do restaurante.

Garçom

É de responsabilidade do garçom **atender bem ao cliente**, servir os pratos de forma ordenada e sem contratempos. Ele **faz o serviço de bebida**, bem como todo o cerimonial que está relacionado a ele. O garçom deve **preparar todo o *mise en place* do salão**, como a arrumação das mesas, dos pratos, dos talheres, dos copos e das taças, de acordo com o padrão do estabelecimento. É o **profissional que fica na frente do atendimento**, cuidando de todas as solicitações dos clientes.

Commis de restaurante

O **commis de restaurante** é o cargo que precede ao do garçom. Ele começa sua carreira aprendendo suas atribuições com um profissional mais experiente. No início, seu trabalho é **ajudar no serviço**, principalmente na **retirada de materiais da mesa** quando terminada a refeição, no polimento de pratarias, louças e cristais, além de manter aparadores, *guéridon* e comandas em ordem. Ele pode também **trazer os pedidos da cozinha** até uma mesa auxiliar ou *guéridon* para que o garçom prossiga com o serviço.

Atribuições de um garçom

> Agora que já conhecemos melhor os nossos colegas de trabalho, iremos entender as reais atribuições de um garçom.

Nem todos os restaurantes possuem a estrutura funcional explicada anteriormente. Por esse motivo, um garçom pode desempenhar mais funções do que apenas aquelas já descritas.

Nos restaurantes, em geral, **o garçom é o profissional responsável pelo atendimento às mesas**. Normalmente, ele recepciona o cliente com um sorriso e um cumprimento cortês e o encaminha para uma mesa, de acordo com a reserva ou preferência deste.

Após acomodar o cliente à mesa, o garçom deve oferecer as cartas de comida e bebida, para que aquele decida o que irá consumir nessa ocasião. Feito o pedido, o garçom deve encaminhá-lo para o setor necessário – as comidas para a cozinha e as bebidas para o bar.

Com a comanda em ordem, o garçom preparará o serviço, ou seja, verificará se os talheres, os pratos, as taças e os copos estão de acordo com o pedido solicitado. Como exemplo, podemos citar um cliente que tenha pedido peixe e vinho branco. Na montagem da mesa, foram colocados os talheres para carne e uma taça de água.

Após o pedido do cliente, o garçom deve substituir os talheres de carne pelos de peixe e acrescentar uma taça para vinho branco ao conjunto da mesa. Adicionalmente, pode ser colocado um suporte para um balde de gelo, onde ficará o vinho branco.

Normalmente, atende-se primeiro o pedido em relação à bebida. Com este em mãos, o garçom deve montar o serviço de bebidas, abrir ou preparar a abertura de vinhos e outros tipos de bebida e se dirigir à mesa.

Ao chegar à mesa, o garçom servirá as bebidas de acordo com a ordem que será explicada no Capítulo 4. Terminado o serviço, o garçom deve se retirar, deixando os clientes à vontade, mas sem perdê-los de vista.

Com o serviço de alimentação saindo da cozinha, sozinho, ou em companhia de seu *commis* – se existir –, procede com o serviço de colocação dos pratos ou de servir a comida solicitada, dependendo do tipo de serviço. Ao final, novamente se retira, prestando atenção a tudo o que ocorre nas mesas que estão sob sua responsabilidade.

Como foi visto no Capítulo 1, a essas mesas se dá o nome de *praça*.

Fique atento!

É de bom tom perceber se o cliente gosta, ou não, de ser servido de bebida antes que seu copo esvazie. No Capítulo 4, sobre o serviço de vinhos, veremos que manter a taça do cliente sempre com um terço de bebida é normal. Já em relação a bebidas como refrigerante ou cerveja, cada estabelecimento pode criar suas regras, estipulando se o copo do cliente deve ser completado seguidamente. De qualquer forma, esteja sempre à disposição caso o cliente queira pedir mais alguma coisa.

Com a refeição em andamento, o garçom deve ficar atento a qualquer pedido do cliente, seja um molho, seja um queijo, por exemplo.

Ao final da refeição, normalmente os clientes demonstram terem terminado de se alimentar com o simples ato de deixar os talheres paralelos dentro do prato. Após esse sinal de etiqueta, **o garçom pode retirar os pratos servidos e oferecer a sobremesa**.

Caso seja aceita, procede-se com o serviço adequado, do mesmo modo como foi feito em relação à refeição principal. Caso contrário, pode-se oferecer um café ou um licor.

Quando solicitada pelo cliente, a conta deve ser fechada e conferida antes de ser entregue, de modo discreto, à mesa. Ela deve estar em uma pequena pasta fechada, com o valor a ser pago. Normalmente, a conta é entregue a quem a pediu ou ao homem da mesa, caso seja um casal.

Com o valor pago, o recibo é levado ao caixa que, em caso de pagamento em dinheiro, confere o valor e retorna o troco, caso seja necessário.

Terminado esse procedimento, **o garçom se despede do cliente com um sorriso**, agradecendo sua presença e esperando um retorno breve.

Pronto, é assim que fazemos o serviço de garçom em um restaurante e essas são, em linhas gerais, suas atribuições. No Capítulo 4, abordaremos mais tecnicamente algumas partes desse ritual de servir. Agora, vamos conhecer a praça de trabalho, os utensílios e as rotinas de um restaurante?

Praça

Conforme vimos no primeiro capítulo, em um restaurante, a praça corresponde ao conjunto de mesas e ao espaço de trabalho do garçom, que inclui o aparador ou balcão de trabalho, as mesas e as cadeiras que lhe são destinadas e o espaço físico referente a esse local dentro do restaurante.

lembre-se!

A praça de cada garçom é o seu ambiente e instrumento de trabalho. Por isso, *deve ser cuidada e mantida com atenção e carinho*, e todos os utensílios e equipamentos devem ser guardados em seu devido lugar. Isso facilitará no momento em que o garçom for procurar o material desejado, ajudando na percepção que o cliente tem sobre o restaurante. Assim, mostra-se ordem, limpeza e velocidade no serviço sem que ocorram atropelos ou incidentes.

importante!

Cada um possui uma **forma de trabalho e de organizar seu espaço de trabalho**. Algumas casas compartilham esse espaço entre todos os garçons ou somente entre um grupo deles. Nesses casos, é **fundamental que seja feita uma reunião**, com o intuito de estabelecer os padrões que serão adotados para os espaços comuns entre todos os profissionais. Isso evitará desentendimentos em relação ao método de trabalho.

Delegar responsabilidades (determinado profissional fica incumbido de completar diariamente os potes com sal, por exemplo) é importante para mantermos a organização. *Dividir tarefas é a palavra de ordem* e pode ser mais fácil se forem divididas por afinidade. Nesse caso, cada profissional fica responsável por desempenhar a tarefa em que tem mais domínio, evitando desenvolver atividades em que suas habilidades não são suficientes.

Vamos então conhecer algumas rotinas diárias que devem ser feitas em cada praça?

Polimento

É tarefa diária do garçom manter os talheres, os copos, as taças, as porcelanas, as bandejas, as coqueteleiras, os utensílios de bar e de salão, como pegadores e colheres de serviço, conchas, *cloches* etc. bem polidos. Ao chegar no estabelecimento, o garçom deve verificar se esses utensílios estão limpos (normalmente, a limpeza é feita por um funcionário da copa, do bar ou mesmo da cozinha), separá-los por tipo (de sobremesa, principal, de salada etc.) e proceder com o polimento.

Polir, no restaurante, é dar brilho aos utensílios e às bancadas, utilizando uma **toalha ou flanela limpa e seca e álcool líquido**, com concentração de, pelo menos, 70%. Ao esfregar a flanela no utensílio diversas vezes, retiramos as manchas engorduradas de dedos ou, até mesmo, de comida, e deixamos a superfície lisa, limpa e brilhante.

Ao polir os utensílios, é preciso ter cuidado para **não os quebrar, lascar, riscar ou danificar aqueles feitos de prata ou aço inox**. Normalmente, o restaurante separa os materiais polidos dos não polidos. Somente itens que passaram pelo processo de polimento é que irão ser dispostos na mesa.

Temperos

Verificar diariamente o nível dos dosadores de temperos ou de sachês que ficarão disponíveis nas mesas é sua tarefa, meu caro garçom! Deixar tudo em ordem, completando todos os itens, como os potinhos de sal, açúcar, pimenta, vinagre, óleo, maionese, mostarda, *ketchup*, entre outros, faz parte da sua rotina de trabalho.

você sabia?

É cada vez mais comum em restaurantes de alto padrão disponibilizar garrafas de vinagres importados e azeites de boa qualidade à mesa quando da solicitação do cliente. **Não é aceitável levar uma garrafa à mesa com menos da metade do seu conteúdo ou, ainda, suja.** Mantenha sempre limpo e organizado o armário que contém tais produtos.

Em restaurantes que contam com **galheteiros** (espécie de porta-tempero, com diversos potinhos ou vidrinhos contendo pimenta, sal, vinagre, óleo ou azeite e palitos de dentes), estes **devem ser verificados e abastecidos com frequência**. Eles sempre devem ser completados no início do expediente e quando, durante o serviço, estiverem abaixo da metade do conteúdo. Já em alguns restaurantes, além de bares e lanchonetes, pode existir um ***display de guardanapos*** ou mesmo canudinhos descartáveis. Este também é verificado de modo similar aos galheteiros.

Montagem da praça

Ao iniciar o dia, dependendo da refeição e do estilo do restaurante, começa-se o procedimento de montar a praça de trabalho, ou seja, todos os utensílios necessários para o serviço devem estar em seus locais já estabelecidos. Bandejas, pegadores, colheres, conchas, *cloches*, pratos, talheres, travessas, potes, copos e taças limpos e polidos, devem ser colocados de forma organizada e estratégica para poder fazer a montagem do *mise en place*.

Mas o que é um *mise en place*?

Mise en place é um termo francês que quer dizer "colocado no lugar".

Além de todos esses itens, os processos devem ser organizados de modo que facilitem a vida do garçom. Alguns restaurantes deixam conjuntos de talheres já embalados, ou mesmo conjuntos de pratos e talheres, prontos para serem colocados à mesa.

Em outros casos, como aprenderemos mais detalhadamente no próximo capítulo, é possível montarmos o que chamamos de *mise en place de mesa*, isto é, colocar na mesa os pratos, as taças, os talheres e os guardanapos que serão usados pelos clientes. **Esse tipo de montagem é mais comum em restaurantes de nível superior.**

Existem diversos tipos de montagem a serem aprendidos, mas isso é um assunto para mais tarde! Antes, vamos continuar com a montagem da nossa praça de trabalho?

Preparar o *guéridon*, ou seja, um carrinho auxiliar usado para dar suporte ao serviço, também é feito antes de se iniciar o serviço. Ele pode conter pequenas quantidades de talheres, taças, copos ou pratos para um serviço mais rápido, além de utensílios para serviço e roupas de mesa extra.

importante!

Os cardápios devem ser limpos antes de serem entregues aos clientes! Imagine a seguinte cena: um casal chega para comemorar seu aniversário de casamento e é encaminhado para uma mesa aconchegante e reservada. Ao abrir o cardápio, a senhora se depara com um pedaço de alimento! A noite romântica acabou de ser arruinada! E podia ser pior: esse pedaço poderia cair na roupa e estragar um vestido novo, por exemplo. Por isso, **devemos ter cuidado com a higienização de cardápios**, e essa tarefa faz parte da nossa montagem de praça.

Para conferirmos se a montagem da praça está em ordem, podemos contar com uma lista chamada de *checklist*. Vamos ver como fica o *checklist* do salão?

103

Checklist de salão:

- ✓ As mesas e as cadeiras estão alinhadas, limpas e organizadas de acordo com as reservas?

- ✓ O moletom, a toalha e o naperon estão limpos, bem passados e esticados?

- ✓ As toalhas não contêm furos ou manchas?

- ✓ Os guardanapos estão limpos, bem passados e dobrados de acordo com o padrão do restaurante?

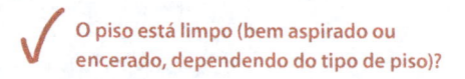

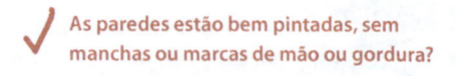

- ✓ O piso está limpo (bem aspirado ou encerado, dependendo do tipo de piso)?

- ✓ As paredes estão bem pintadas, sem manchas ou marcas de mão ou gordura?

- ✓ Os quadros estão alinhados e bem dispostos, devidamente limpos, sem poeira aparente ou molduras defeituosas?

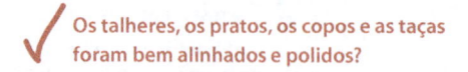

- ✓ Os talheres, os pratos, os copos e as taças foram bem alinhados e polidos?

- ✓ Os cardápios apresentam rasuras, rasgos ou manchas? Eles estão devidamente limpos?

- ✓ A decoração da mesa, a vela, ou outro tipo de utensílio, estão limpos e bem centralizados?

- ✓ O aparador ou balcão de apoio está limpo? Ele está equipado com:
- ✓ Galheteiro ou *ménage* montada?
- ✓ Talheres, pratos, taças e copos limpos e polidos?
- ✓ Guardanapos, toalhas, naperons, panos de copa, panos de serviço limpos, passados e dobrados?
- ✓ Álcool?
- ✓ Talco ou outro tipo de item que auxilie na retirada de gordura de roupas, em caso de acidentes?
- ✓ O terminal de lançamento de comandas funciona perfeitamente?
- ✓ Há comandas sobressalentes?
- ✓ Há canetas com tinta, que funcionam, sem mordidas ou rachaduras?
- ✓ As bandejas foram polidas e as mesas estão com toalha ou revestimento adequados e em bom estado?
- ✓ Há escovinha e pano para recolher migalhas e restos das mesas?
- ✓ A lixeira está discretamente colocada, com pedal e saco de lixo recém-trocado?
- ✓ Há pegador de gelo e balde para gelo e vinhos?
- ✓ Há espátulas para bolos, conchas, colheres e pegadores para o serviço?

Enfim, a lista de *checklist* é longa, mas esses itens já podem servir como base para iniciarmos o trabalho. Finalizada a montagem da praça, estamos prontos para receber nossos clientes, não é mesmo?

Quase! Antes, precisamos conhecer um pouco dos utensílios e dos equipamentos que ajudam a vida dos profissionais de serviços em restaurantes. E eles são muitos! Vamos conhecer?

Utensílios e equipamentos

Cada estabelecimento possui um padrão de utensílios e equipamentos para serem usados, de acordo com o cardápio, o estilo da casa e o tipo de serviço que escolheram para o restaurante. Nesta seção, conheceremos boa parte desses objetos; entretanto, alguns podem ser exclusivos ou mesmo utilizados apenas em algumas situações.

importante!

É preciso que você conheça o estilo do estabelecimento, de modo que possa adequar o enxoval a este. Não se usam pratos descartáveis ou guardanapos de papel em um restaurante cinco estrelas, bem como não se colocam pratos de porcelana e talheres de prata em uma lanchonete de serviço rápido. Cada estabelecimento determina e sente as necessidades de acordo com o tipo de serviço prestado.

A seguir, descreveremos cada um dos utensílios utilizados em um restaurante, bem como a função de cada um deles:

Guéridon: carrinho ou mesa auxiliar que serve como apoio para diversas preparações ou serviços. É muito utilizado quando se faz o serviço à inglesa indireto (veremos no próximo capítulo) ou em locais que fazem serviços com técnicas de *réchaud*.

Réchaud: é um fogareiro que, normalmente, funciona a álcool. Ele possui duas finalidades – a primeira é preparar os pratos ao lado da mesa, no serviço com técnicas de *réchaud*. Pratos como um *Crêpe Suzette* ou uma banana flambada são feitos pelo garçom no *guéridon*, equipado com esse tipo de fogareiro. **A segunda é aquecer os pratos quentes colocados em um bufê.**

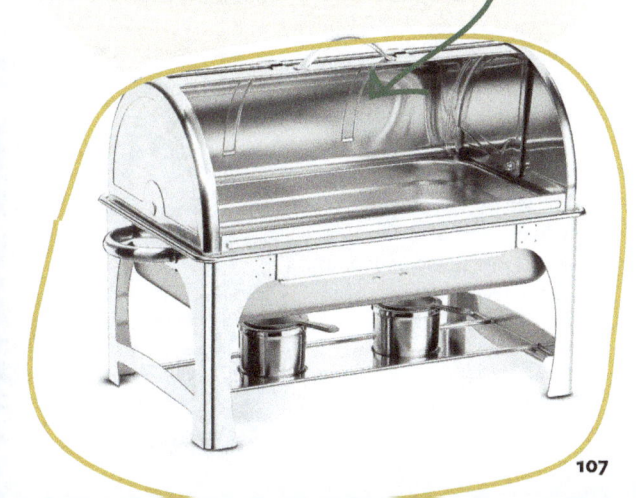

Espátulas: são utilizadas para servir doces e alguns tipos de pratos salgados, como peixes. Devem estar à disposição no balcão ou no *guéridon*.

Moletom: é uma toalha mais grossa, feita de tecido de mesmo nome, com elásticos, que reveste a mesa. Tem a função de evitar barulhos mais altos quando da queda de um talher ou evitar a quebra de uma taça. Também ajuda na absorção de líquidos, quando derramados, não deixando que estes escorram para o colo do cliente.

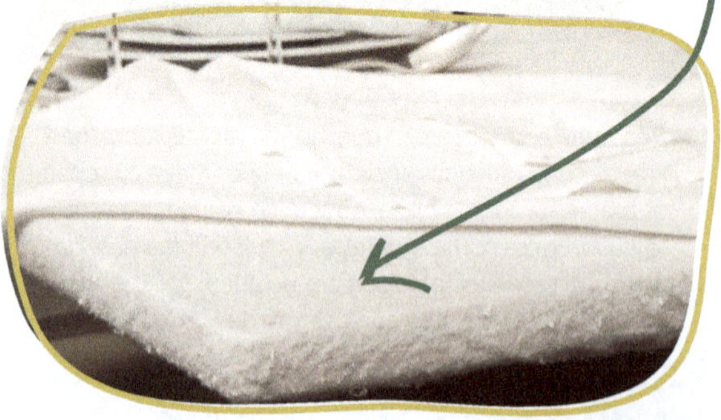

Toalha: é colocada sobre o moletom, com o intuito de escondê-lo, e deve cobrir a mesa completamente. Ela deve ficar sempre bem centralizada, com o vinco devidamente alinhado. É colocada de forma proporcional, sendo que todos os lados devem ter uma distância igual em relação ao chão. Isso pode variar, mas, normalmente, fica em torno de 50 cm de distância do chão.

Naperon: também chamado de *cobre manchas*, é uma espécie de toalha que se coloca sobre a própria toalha, normalmente de cor branca ou contrastante com a toalha de baixo. Serve, como o próprio nome diz, para cobrir as manchas da toalha de baixo. Por ser de um tecido diferente e de tamanho menor, seu custo de reposição e de lavagem é mais baixo se comparado ao da toalha normal.

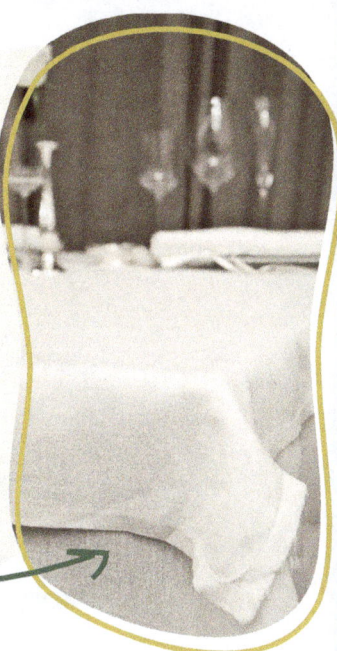

Guardanapo: usado pelos clientes para proteger as vestimentas e, ocasionalmente, limpar os resíduos de comida que permanecerem na boca. Deve ser bem passado e limpo, podendo ser apresentado em forma de dobraduras. Estas também servem para auxiliar o garçom com alguns tipos de serviço, deixando, por exemplo, os talheres dentro de uma "bolsinha" feita com um guardanapo. Isso faz com que o serviço seja mais elegante.

Cloche: espécie de cúpula, normalmente de aço inox, que cobre os pratos antes destes serem levados à mesa. Geralmente, é utilizado para surpreender os clientes. Em um jantar formal, com pratos no estilo *nouvelle cuisine*, os *cloches* de todos os clientes devem ser retirados ao mesmo tempo. É um utensílio mais usado em hotéis e tem caído em desuso nos restaurantes.

Abridor ou saca-rolha: o mais usado pelos garçons é o do modelo canivete, que permite abrir vinhos de forma adequada, além de garrafas de refrigerante e cerveja. É de uso pessoal e, geralmente, cada garçom possui seu próprio abridor. **Os abridores de dois estágios** são os mais recomendados, pois são mais práticos e fáceis de manusear, principalmente na abertura de garrafas de vinho.

Além desses itens mais específicos, há outros utensílios de cozinha que também devemos conhecer e que são de uso comum em nosso dia a dia. Vamos conhecer?

Talheres: são divididos em três itens de uso geral – garfo, faca e colher – que podem, ainda, ser subdivididos de acordo com o uso durante a refeição. Exemplos: talheres de mesa (usados para os pratos principais); talheres de sobremesa (usados para sobremesas); talheres de salada (atualmente, para reduzir custos, pode ser utilizado o de sobremesa ou, até mesmo, o de mesa); talheres de peixe (constituídos por um garfo e uma faca especial para peixes, visto que estes não são cortados, mas "lascados"). Além desses talheres, há também as colheres de café e chá. Podemos contar ainda com uma colher bailarina no bar, que serve para preparo de *drinks* e coquetéis, além dos chamados *talheres de serviço*, que são garfos e colheres de tamanho maior, para auxiliar o serviço.

Aprenda os nomes de cada tipo de talher

Faca de mesa

Faca de peixe

Garfo para sobremesa

Colher de mesa

Garfo de *escargot*

Espátula para peixe

Faca de manteiga

Trinchantes

Faca de sobremesa

Garfo de mesa

Garfo para peixe

Colher de sobremesa

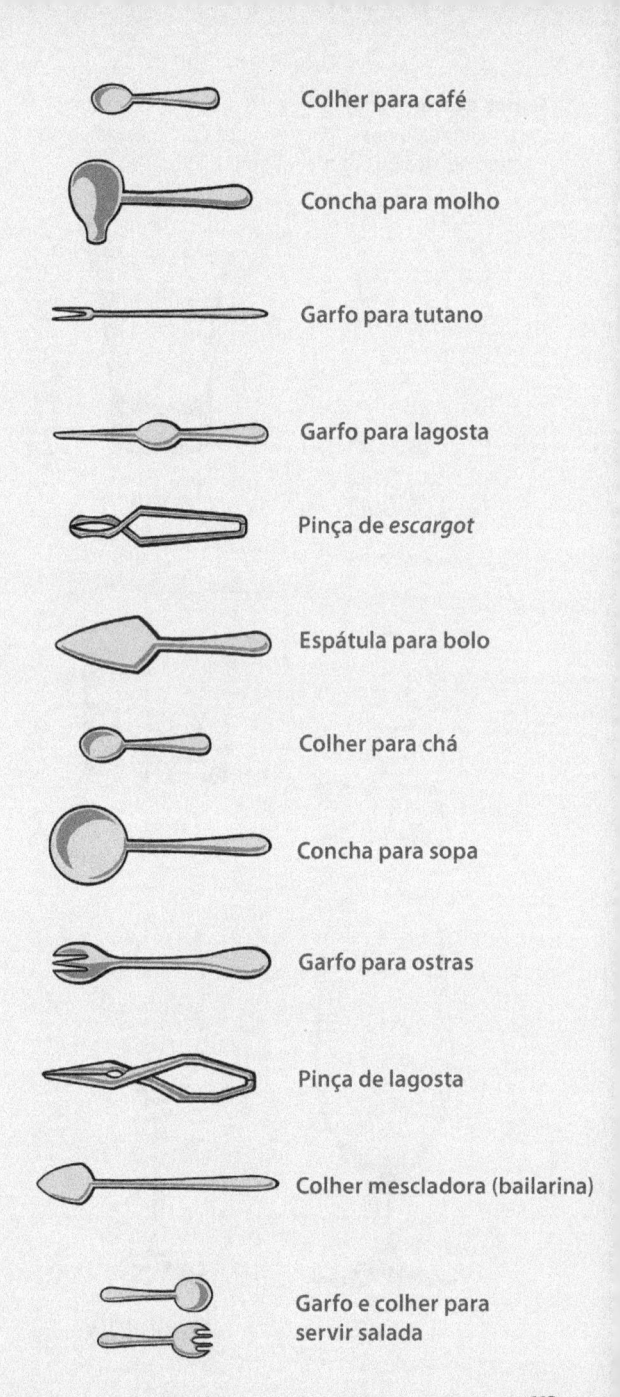

- Colher para café
- Concha para molho
- Garfo para tutano
- Garfo para lagosta
- Pinça de *escargot*
- Espátula para bolo
- Colher para chá
- Concha para sopa
- Garfo para ostras
- Pinça de lagosta
- Colher mescladora (bailarina)
- Garfo e colher para servir salada

Copos e taças: podem ser de vidro, acrílico ou cristal, dependendo do nível do restaurante. Cada bebida possui um tipo de taça ou copo, conforme a figura a seguir:

- Licor
- Cachaça
- Conhaque
- Uísque
- Cerveja
- Champanhe

Coquetel

Água

Vinho tinto

Vinho branco

As **taças de vinho branco e tinto se diferenciam apenas no tamanho**, pois o *vinho branco é servido sempre gelado* e sua taça é menor exatamente para podermos degustar a bebida em sua melhor temperatura. Assim, colocamos o vinho em pequenas quantidades e o tomamos antes que atinja a temperatura ambiente. Já o **vinho tinto é servido somente até um terço da taça**, para que possa oxigenar e liberar todos os seus aromas. Sua taça é maior para que possa ser movimentado, auxiliando na oxigenação.

Louças: são todos os utensílios que usamos para servir a comida aos clientes. Pratos de *couvert*, de salada, de mesa, de sobremesa ou de sopa devem ser do mesmo jogo, ou seja, com o mesmo estilo e desenho. Fazem parte ainda desse enxoval os pires e as xícaras para café e chá, a taça para *consommé*, com seu prato e bules.

Agora que já aprendemos sobre o ambiente, as funções e os equipamentos de trabalho, no próximo capítulo vamos começar a compreender um pouco melhor o serviço de garçom.

menu de exercícios

1. Descreva quais são as funções desempenhadas pelo *maître*, assistente de *maître*, chefe de fila, garçom e *commis* de restaurante. .... pgs. 85-88

2. Qual a sequência correta a ser seguida pelo garçom, desde a chegada do cliente ao estabelecimento até a sua saída? .... pg. 96

3. O que é praça? .... pg. 97

4. O que é polir os talheres, pratos e copos? É usado cera? .... pg. 99

5. Explique o que são e como se usam os seguintes utensílios: .... pgs. 107-109

   a) Moletom.
   b) *Guéridon*.
   c) Naperon.
   d) *Réchaud*.

4
O serviço

Nos capítulos anteriores, vimos como é feito o processo de preparação do ambiente de trabalho, conhecemos quais são os utensílios utilizados em um restaurante e o modo como se deve receber os clientes. Neste capítulo, aprenderemos como devemos montar uma mesa, servir os pratos, além de vermos os detalhes sobre etiqueta que serão a chave de um bom serviço prestado. Vamos lá?

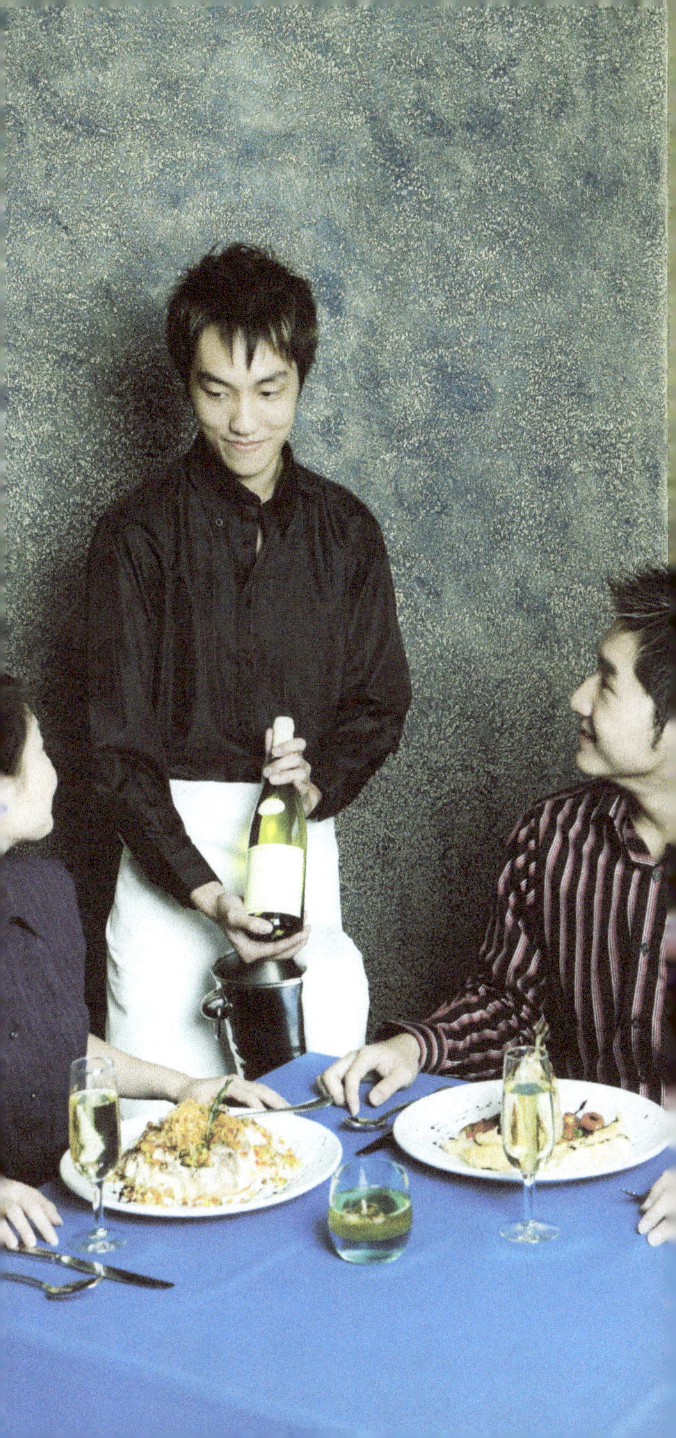

Tipos de mise en place

Aprendemos no Capítulo 3 que o termo *mise en place* designa o modo com que organizamos e colocamos os objetos e utensílios em nosso restaurante. Existem três tipos de *mise en place*:

> *Mise en place de cozinha*: é a organização da cozinha. Isso significa picar, pré-cozinhar, preparar molhos, cozinhar arroz, cortar e tornear legumes, ou seja, tudo o que pode ser feito antes e que agilizará o serviço durante o horário de atendimento do restaurante. Os cozinheiros começam seu *mise en place*, muitas vezes, 4, 6 ou até 12 horas antes de começar o serviço, dependendo do estabelecimento ou do evento a ser realizado. Não são raros os casos em que se deve começar dias antes!

Mise en place de salão: é a organização do salão, ou seja, alinhar as mesas e as cadeiras, limpar os banheiros, o chão, o tapete, o bar. Além disso, devem ser checados o bom funcionamento dos aparelhos de ventilação, ou ar-condicionado, e os pontos de iluminação da casa. O aparador do garçom também faz parte do *mise en place* de salão.

Mise en place de mesa: é a organização dos talheres, das taças, dos copos e das louças em cima da mesa. Existem diversas regras para que isso seja feito corretamente, por isso, vamos nos aprofundar mais nesse tema.

Montagem de mise en place

Cada tipo de serviço oferecido por um restaurante possui uma forma de organizar os pratos e talheres à mesa. Em muitos casos, o *mise en place* já reflete o que será servido durante a refeição, como no caso de eventos, ocasião em que não escolhemos o cardápio. Em um restaurante, o *mise en place* normalmente é mais básico, para ser adaptado de acordo com o prato que será solicitado pelo cliente.

Mise en place de base

Também chamado de *mise en place simples*, é adotado em grande parte dos estabelecimentos devido à versatilidade e simplicidade. Basicamente, esse *mise en place* conta com um prato base, garfo e faca de mesa, um prato para *couvert* – com sua devida faca –, uma taça para água e uma para vinho (normalmente, tinto). Esse tipo de *mise en place* fica disposto conforme a figura a seguir:

Esse *mise en place* pode ser adaptado à maioria dos pedidos, seja para aqueles que contenham apenas um serviço de alimento, seja para aqueles que tenham somente um prato principal de massa ou carne. Caso o cliente solicite um prato com peixe, por exemplo, substitua os talheres da mesa pelos de peixe enquanto aguarda o prato ser confeccionado na cozinha. Se o pedido for por uma salada, acrescente os talheres necessários.

Caso o cliente queira beber somente refrigerante ou suco, retire as demais taças que não serão utilizadas. Se ele desejar um vinho branco, troque a taça de vinho tinto por uma de vinho branco.

É um *mise en place* básico, mas que contempla elementos suficientes para reduzir o trabalho dos garçons.

Mise en place completo

Em casos de banquetes, utiliza-se, normalmente, o *mise en place* completo, constituído por todos os talheres, as taças e os pratos que irão compor o jantar dos convidados.

Imagine a seguinte cena - em evento, o cardápio a ser servido é organizado da seguinte forma:

Como entrada, será servido um *couvert* de pães e patês.

Em seguida, será servido um prato de salada de folhas com lascas de queijo e presunto cru.

Terminado esse prato, será servida uma sopa e, depois desta, um prato com peixe acompanhado de um purê.

Para a refeição principal, haverá uma carne, como mignon, acompanhada de legumes ou risoto.

A sobremesa será uma torta de maçã com sorvete de canela.

Em relação às bebidas, serão oferecidos um espumante na entrada, um vinho branco para acompanhar a salada, a sopa e o prato com peixe, um vinho tinto para a carne, água – para limpar o paladar – e um licor ou vinho licoroso para a sobremesa.

Tendo em vista esse cenário, para esse jantar precisaremos do seguinte *mise en place* montado:

Mise en place completo

> Como podemos ver na figura, cada etapa da refeição está contemplada em todos os itens. Vamos analisá-la juntos:

Perceba que todos os talheres estão **alinhados em relação à linha de base do prato**.

Para o *couvert*, temos no canto superior esquerdo um prato com uma faquinha. São o prato e a faca de *couvert*. Eles sempre ficam nessa posição, com a **faca colocada com o fio virado para fora**, mas apoiada na borda do lado direito do prato. Eles servem para o convidado poder rasgar o pão e passar o patê ou a manteiga, conforme desejar.

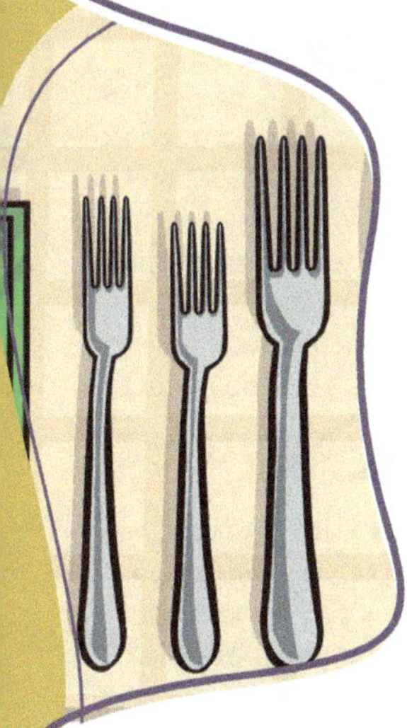

Em relação aos **garfos**, você pode perceber que há três localizados do **lado esquerdo do prato**. Da esquerda para a direita, encontram-se, respectivamente, o garfo de salada, o de peixe (que tem o dente do meio um pouco mais cavado e a largura um pouco maior) e o de mesa. Cada um deles será usado em um prato diferente.

Agora vamos conhecer o lado das **facas**. Elas *sempre ficam do lado direito*, com o fio voltado para dentro, em direção ao prato. Da direita para a esquerda, encontram-se, respectivamente, a faca de salada, a de peixe (que não possui fio e assemelha-se a uma espátula, utilizada para lascar o peixe) e a de mesa, usada para acompanhar o prato principal. Ao lado da faca de salada, há uma colher de sopa. Ela fica ao lado da faca, pois é derivada dela! Ou seja, em determinado ponto da história, a faca serviu como base para o surgimento da colher, perdendo seu fio e ganhando largura. A colher é colocada do lado direito, pois é usada com a mão direita.

você sabia?

As facas devem ficar ao lado direito do prato, devendo ser manuseadas com a mão direita, que, no caso das pessoas destras, é a mão mais forte e com maior habilidade. O garfo, consequentemente, fica na mão esquerda, inclusive na hora de comermos. Parece estranho? E é! Desde pequenos, aprendemos a comer com a mão direita, iniciando com colheres e depois com o garfo. A faca é o último instrumento apresentado para a criança!

Acima do prato, encontram-se os talheres de sobremesa. Se olharmos de baixo para cima, veremos, respectivamente, a colher, o garfo e a faca de sobremesa.

fique atento!

Perceba que a faca e a colher estão com a **ponta dos cabos virados para o lado direito**. Isso se deve ao fato de que ambos "saíram" de sua posição original – ou seja, o lado direito da mesa – e "andaram" para o canto superior do prato, fazendo um pequeno arco. A mesma situação ocorre com o garfo, que fica entre a faca e a colher, mas com o cabo virado para a esquerda. No caso da refeição exemplificada, a sobremesa pede o uso dos três talheres: o garfo e a faca, para comermos a torta, e a colher para o sorvete. Contudo, há casos em que podemos ter somente um ou dois desses talheres à mesa, dependendo da sobremesa que for servida.

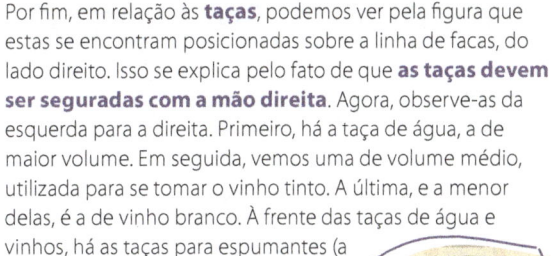

Por fim, em relação às **taças**, podemos ver pela figura que estas se encontram posicionadas sobre a linha de facas, do lado direito. Isso se explica pelo fato de que **as taças devem ser seguradas com a mão direita**. Agora, observe-as da esquerda para a direita. Primeiro, há a taça de água, a de maior volume. Em seguida, vemos uma de volume médio, utilizada para se tomar o vinho tinto. A última, e a menor delas, é a de vinho branco. À frente das taças de água e vinhos, há as taças para espumantes (a mais alta) e licores (a mais baixa). Assim, temos completo o nosso serviço de bebidas!

Viu como não é tão difícil de conhecer e entender o *mise en place* de salão? É mais uma questão de ordem e de lógica! Com o tempo e com a prática você aprenderá facilmente como fazer todas essas montagens e as variações entre elas! Comece praticando em sua casa, no dia a dia. Com o tempo, isso vira um hábito e você fará a montagem do *mise en place* diariamente, quase sem perceber!

Tipos de serviço e de restaurantes

Como dissemos anteriormente, cada restaurante possui um tipo de serviço, que, por sua vez, possui determinadas peculiaridades. Estas vão desde quantas pessoas devem trabalhar no local até a forma de ser servida a comida. Existem serviços em que o garçom serve o cliente ou em que o próprio indivíduo serve a si mesmo, ou, ainda, outros serviços em que o prato vem servido direto da cozinha ou em travessas que serão colocadas em um bufê para servir às pessoas.

Para entender como funciona cada tipo de serviço, primeiramente, temos de conhecer os diferentes tipos de restaurante.

Tipos de restaurante

Existem vários tipos de restaurante, o que dificulta a criação de uma tipologia exata para todas as formas de empreendimento que, genericamente, chamamos de *restaurante*. Diariamente, surgem novos negócios que possuem formas diferentes de se organizar o trabalho. Tal fato faz com que um padrão de classificação ainda não exista. A seguir, você verá quais são os principais tipos de restaurante.

> **Restaurante tradicional:** possui um cardápio que raramente varia. Seu objetivo maior é que **todos o tenham como referência de boa comida.** As pessoas procuram os pratos que são clássicos da casa, não aceitando muitas mudanças. Sua mão de obra não é muito especializada.

Restaurante clássico: é parecido com o tradicional, mas é mais elegante. Conta com decoração de melhor qualidade e um serviço um pouco melhor. Os garçons que trabalham nesse tipo de estabelecimento costumam ter um período longo de casa e conhecem bem os clientes. Possui **pratos clássicos da cozinha francesa e mundial** e os preços cobrados são mais elevados se comparados ao restaurante tradicional. A sua mão de obra é mais especializada.

Restaurante internacional: foram muito badalados durante o auge da hotelaria de luxo, entre os anos de 1950 e 1990. Geralmente localizados em bons hotéis, ofereciam pratos conhecidos no mundo todo, o que facilitava na hora de servir os turistas que tinham medo de experimentar opções novas. **Eles têm caído em desuso**, pois tanto os turistas quanto os moradores locais estão sempre procurando **novidades e referências da gastronomia local**. Como esse tipo de estabelecimento prepara pratos que são feitos do mesmo modo em outros restaurantes ao redor do mundo, ele não oferece o diferencial da comida local. Existem, ainda, alguns estabelecimentos desse tipo que servem como uma forma de resgate aos velhos tempos pelos mais antigos consumidores.

Restaurante de especialidade: nem sofisticado nem simples. Tem como principais características o **uso de alimentos específicos** e **técnicas diferenciadas**. Como exemplo desses restaurantes, podemos citar as pizzarias e as churrascarias.

Grill: é uma churrascaria mais sofisticada. Servem-se grelhados de carnes nobres, que não se restringem à carne bovina, podendo incluir frutos do mar, peixes, carnes de caça – como codorna, lebre, cordeiro etc. Normalmente, **as carnes são grelhadas sobre o carvão**, para manter as características de um bom churrasco, e o bufê de pratos frios, saladas e acompanhamentos é servido separado. O modo de pagamento varia de acordo com o estabelecimento. A cobrança pode ser feita por pessoa, rodízio ou consumo (sistema *à la carte*).

Brasserie: é um restaurante que **mescla tradições francesa e alemã**. Costuma servir cervejas e chopes e as refeições são animadas por música ao vivo. Há vários no nordeste da França, que faz fronteira com a Alemanha.

Restaurante típico: servem a **comida típica** de um local. Restaurantes de comida mineira, baiana, italiana, grega, francesa, japonesa, chinesa, tailandesa entram nessa categoria.

Restaurante de fast-food: tem como premissa preparar e servir a comida com rapidez. Esse tipo de estabelecimento começou com o preparo de lanches rápidos, como hambúrgueres, mas, atualmente, conta com várias opções de alimento, como comida italiana e japonesa. Normalmente, **o atendimento é feito diretamente no balcão** – o que dispensa, na maioria das vezes, os serviços de garçom – e as acomodações não são muito confortáveis. Outra característica desse tipo de restaurante é que muitos fazem parte de grandes redes de *fast food* nacionais ou mundiais.

Lanchonete: servem lanches e refeições rápidas, mas sem a urgência do *fast-food*. Também podem oferecer sucos, sorvetes, sobremesas, sanduíches, pratos executivos etc. **É simples e possui um preço acessível.** Pode conter serviço de garçom.

Restaurante de coletividade: são aqueles localizados dentro de **fábricas, escolas, hospitais e empresas**. Trabalham com um grande volume de produção e dificilmente contam com serviço de garçom. O preço costuma ser acessível.

Self-service: são os estabelecimentos onde o cliente se serve em um bufê, também conhecidos por ***buffet por quilo ou bandejão***. Servem refeições honestas por preços diferenciados. Atualmente, as grandes capitais contam com vários tipos de *self-service*, que podem variar de simples bandejões a bons restaurantes por quilo, com preços elevados.

você sabia?

Existe diferença entre bufê e *buffet*. Esses dois termos são pronunciados da mesma forma (bifê), mas cada um possui um significado diferente. O *buffet* é um tipo de restaurante. Já o bufê é uma forma de serviço em que os clientes se servem em uma mesa contendo todos os pratos.

Tipos de serviço

Quando falamos sobre os tipos de serviço, referimo-nos ao modo como o garçom interage com o cliente, que pode ser de diferentes formas. O garçom é um vendedor. *E, como vendedor, ele faz o caminho entre o restaurante e o cliente.* É ele que deve entender o que o cliente quer e o que o restaurante tem para oferecer em troca.

Com esse entendimento, o garçom consegue atender ao cliente de forma satisfatória, garantindo, assim, **credibilidade ao estabelecimento**. A postura do garçom no momento do atendimento deve ser a de um **amigo** que conhece o que está sendo feito dentro do restaurante. Como amigo, o garçom deve entender o que o cliente deseja consumir, o que ele espera desse momento e o que ele gosta ou não de comer.

Parecem passos bastante complicados, não é mesmo? E são, pois você não pode pedir essas coisas ao seu cliente! Tem de tentar entender de forma sutil o que ele deseja com a experiência que vai ter e como quer conduzir essa experiência.

importante!

Ser amigo não significa ser íntimo do cliente. Nada de atos ou gestos que demonstrem isso.

Por isso, o garçom deve ser muito discreto ao atender aos pedidos, de modo que a leitura do cliente não seja percebida por este. Mas como isso é possível? Procure observar o cliente e se faça perguntas simples:

> O cliente prefere um local mais agitado ou tranquilo?
>
> O cliente gosta mais de carne vermelha ou branca?
>
> O cliente deseja tomar vinho ou outro tipo de bebida?

A lista de perguntas é grande e só com esse conhecimento *você transforma um cliente em um freguês*.

O atendimento no restaurante depende muito do tipo de serviço utilizado. **Existem diversas formas de servir**. Elas dependerão do local onde você trabalha, do público-alvo da casa e do cardápio. A seguir, veremos os tipos de serviços que podem ser oferecidos.

Serviço à francesa

É um dos serviços mais antigos. Quando colocamos o critério da etiqueta (que são as normas formais de se portar perante os outros), esse é o serviço mais requintado.

O garçom que atende esse tipo de serviço deve ter uma **vasta experiência** e saber **manejar bem pratos, bandejas e talheres**. Deve também saber trabalhar com os talheres em formato de alicate e servir os clientes sem derrubar qualquer utensílio ou comida. É um serviço que está caindo em desuso, pois possui poucos profissionais especializados e tem o custo muito elevado!

Esse tipo de serviço custa caro porque é servido por muitos profissionais, que devem ser muito especializados! Cada serviço à francesa deve contar com, pelo menos, 1 garçom para cada 6 ou 8 pessoas! Por isso, hoje, ele é **restrito a pequenos jantares e serviços protocolares em embaixadas, consulados e governos**. O garçom deve se vestir de forma perfeita e usar, inclusive, luvas.

> **fique atento!**
>
> Nesse tipo de serviço, há uma ordem para servir os pratos: **primeiro, servem-se as mulheres e, em seguida, os homens**. A refeição só terá início após o anfitrião (último) ser servido.

O serviço começa com o garçom trazendo a bandeja pelo **lado esquerdo do convidado**. As bandejas são montadas na cozinha, com quantidades estabelecidas pelo *Chef*, de acordo com o número de convidados. Na bandeja, constam os talheres de serviço. O convidado irá se servir por meio dos talheres e colocar a comida em seu prato. O garçom deve manter uma postura ereta, mas ao mesmo tempo inclinada, para aproximar o prato do cliente. **Cuidado para não se inclinar além do necessário e deixar os cabelos e a cabeça sobre a travessa de comida.** Os garçons podem atender em pares – um fica responsável por servir a comida enquanto o outro cuida da bebida. Em outra situação, um profissional serve as carnes e outro, os acompanhamentos.

A **agilidade em servir os pratos é importante**, pois, caso esse serviço demore além do necessário, a comida poderá esfriar. Terminada a refeição, os pratos são retirados e encaminhados à cozinha ou copa para serem lavados.

você sabia?

Alicate é o nome dado à forma de se pegar os talheres com os dedos da mão direita, de modo que formem uma pinça (um alicate). Essa técnica é utilizada para servir a comida no prato do cliente – segura-se o alimento com a "pinça" e, em seguida, ele é servido no prato. Para se tornar um mestre na arte de manejar o alicate, o único caminho é a prática! Tente em casa, com diversos objetos, e depois tente com a comida. Pratique!

143

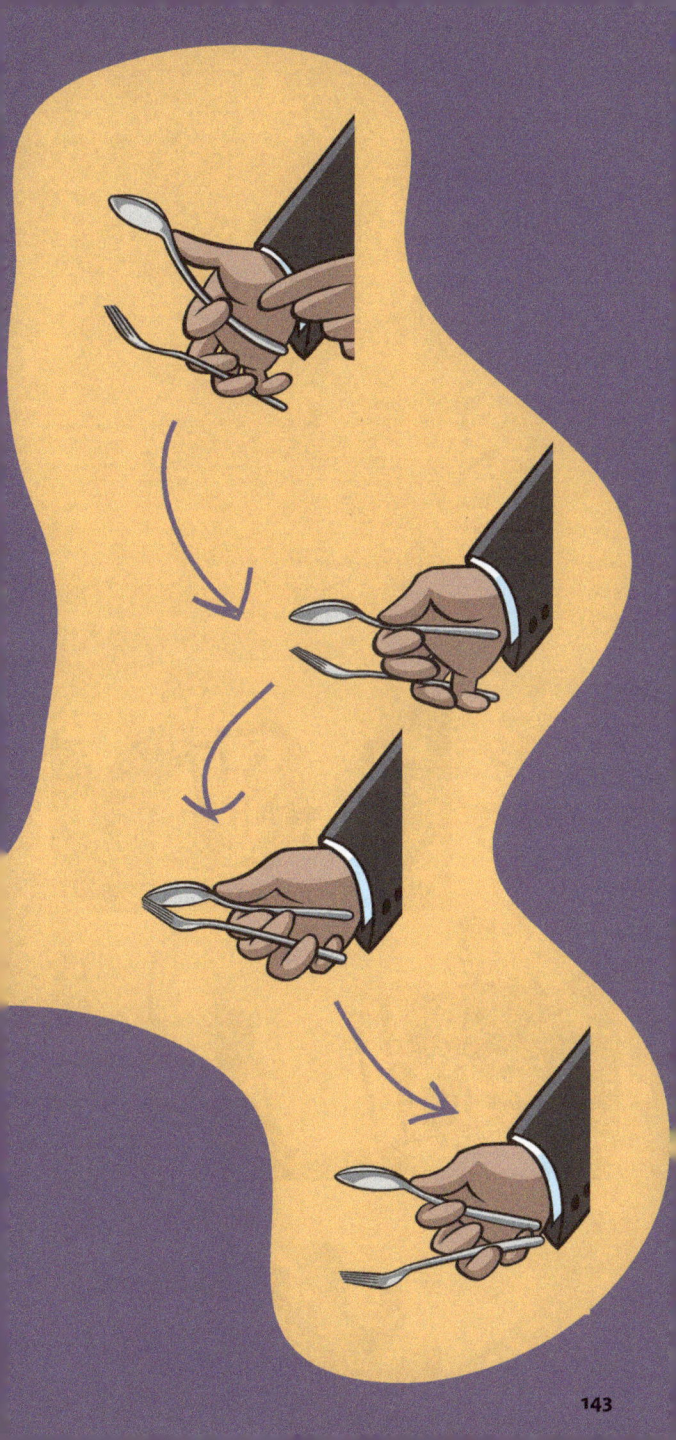

Serviço à inglesa

É dividido em **direto** e **indireto**. Ele também é requintado. Nesse serviço, o comensal é servido pelo garçom, que traz as bandejas já montadas na cozinha.

Serviço à inglesa direto

Nesse tipo de serviço, **o garçom apresenta a bandeja ao cliente pelo lado esquerdo**, explicando o que consiste o prato, da mesma forma que é feito o serviço à francesa. Em seguida, **o garçom se posiciona ao lado direito do comensal**, servindo, por meio da técnica do alicate, os itens que possuir em sua travessa. É preciso tomar cuidado para não sujar o cliente ou a mesa. Assim como no serviço à francesa, **os cabelos e a cabeça não devem ficar sobre o prato** no momento em que for servir a comida. Além disso, a ordem do serviço também é a mesma.

Após todos serem servidos, inclusive o anfitrião, pode-se iniciar a refeição. Caso alguém queira ser servido novamente, o retorno do serviço é feito do mesmo modo, apresentando-se as bandejas novamente ao cliente. Pelo estilo do serviço, pode-se até dizer que uma churrascaria rodízio serve suas carnes pelo sistema inglesa direto, não é mesmo?

Serviço à inglesa indireto

É similar ao serviço à inglesa direto, diferindo-se do modo como o garçom serve os pratos. Em vez deste servir os cliente na própria mesa, **a montagem do prato é feita no *guéridon*, ao lado da mesa**. Por esse motivo, esse serviço é chamado de *indireto*, além de ser visto como mais requintado em relação ao direto.

Pegando pratos quentes do *guéridon*, ele monta cada prato e serve, pelo lado direito, os clientes. Ao servir, retira-se pelo lado esquerdo o prato limpo que se encontra na frente do cliente e, ao mesmo tempo, serve-se a refeição solicitada pelo lado direito deste.

Esse procedimento passa a impressão de que estamos "abraçando" o cliente; entretanto, **devemos tomar o cuidado de jamais tocá-lo**.

A ordem do serviço é a mesma: **primeiro, servem-se as mulheres** – das mais velhas às mais novas – para, em seguida, serem servidos os homens – dos mais velhos aos mais novos – e, por último, o anfitrião. Depois de todos os pratos serem servidos, pode-se dar continuidade ao jantar.

Quando o cliente deseja repetir alguma iguaria, o **serviço pode ser feito no estilo à inglesa direto**, ou seja, a comida é servida a ele no prato que está sobre a mesa.

Esse tipo de serviço é muito utilizado em jantares mais elegantes, com até 30 convidados.

Serviço à americana

Também chamado de *empratado*, nesse serviço o prato é montado dentro da cozinha pelo *Chef*, de forma individual. Assim como no serviço à inglesa indireto, **o cliente é servido pelo lado direito**, retirando-se, primeiramente, o prato vazio.

Esse serviço é, hoje, o mais utilizado em restaurantes, pois não requer muita experiência dos garçons e conta com maior apelo visual, pois o *Chef* monta uma obra de arte na cozinha, que é servida exatamente do mesmo modo para todos os clientes. É muito adequado para restaurantes e festas até 50 pessoas.

Serviço à russa

Também conhecido como **serviço volante**, consiste em servir os convidados diretamente das bandejas. O alimento é pego com as mãos, ou em pequenas porções em pratos menores, e todos comem em pé. É bastante utilizado em coquetéis.

Uma antiga vertente desse serviço consistia em servir peças inteiras à mesa para que o garçom as trinchassem e, posteriormente, servisse a comida. O primeiro corte deveria ser feito pelo anfitrião. O término desse serviço se deu pela falta de mão de obra especializada e demora do atendimento, que acabava por esfriar algumas carnes.

Serviço de bufê

Consiste na montagem da mesa com todos os pratos. Divididos em **ilhas quente e fria**, os pratos são mantidos em temperatura de serviço até que sejam consumidos. A **vantagem** desse tipo de serviço é que este necessita de uma **quantidade menor de garçons**, visto que estes ficam responsáveis somente pela reposição do bufê e do serviço de bebidas, além da retirada de louças e da limpeza de mesas.

A **desvantagem fica em relação à comida**: por ficarem expostos por um longo tempo, alguns alimentos – como massas italianas, risotos e carnes, tendem a passar do ponto, ficando muito moles ou secos. Em serviços desse tipo, é comum que sejam acrescidos caldos, molhos ou água nas bandejas, de forma a não ressecar e queimar o alimento. Normalmente, são usados *réchauds* para o aquecimento da comida, que pode ser feito em banho-maria ou não.

Serviço à brasileira

É o serviço mais comum, pois estamos acostumados a utilizá-lo dentro de nossas próprias casas. Arruma-se a mesa de acordo com o *mise en place* mais adequado para a refeição. Nesse caso, **os garçons são usados para trazer a comida até a mesa**. Dali, cada um se serve e passa as travessas para os outros comensais. No Brasil, tem sido adaptado ainda juntamente com esse serviço o rodízio de alguns itens do cardápio, como carnes. É uma mistura de diversos tipos de serviço.

Ordem dos serviços

Antigamente, cada serviço de alimentação possuía diversos cursos ou pratos. Cada curso consistia em uma degustação de um tipo de comida. Em épocas mais antigas, seguia-se na França a seguinte ordem:

Antepasto ou hors-d'oeuvre: eram pequenas entradas, servidas em sequência, sempre do prato mais frio para o mais quente, e dos mais simples para os mais complexos, o que lembra um pouco as mesas de antepasto que temos nos dias de hoje. O objetivo, nesse momento, não é saciar a fome, mas preparar o trato digestivo para receber o alimento. Usava-se muito de pequenos pratinhos, como *escargots*, *amuse bouches*, *voul-au-vent*, entre outros pequenos mimos.

2 *Sopa*: era servida antes de se iniciar as refeições quentes. Devido ao calor, a sopa auxilia a dilatar os vasos sanguíneos da boca, aumentando a percepção gustativa, além de ajudar a manter a expectativa da refeição.

3 *Entreé*: prato intermediário, não tão pesado quanto o principal. Pode ser um suflê, um prato constituído por legumes, peixes, frutos do mar ou carne branca, como a de aves. Aumenta a expectativa quanto ao prato principal.

Prato principal: é o astro da refeição! É dele a tarefa de alimentar e surpreender. Normalmente, constitui-se de uma carne, que pode ser de boi ou de caça. Seu objetivo nutricional é ser mais pesado e conter as proteínas necessárias para o corpo. Em francês, também é chamado de *plat de résistance*.

5 *Queijos*: um prato com queijos, para finalizar a refeição, é clássico para os franceses. Estes acreditam que os queijos ajudam a limpar o paladar e o olfato do gosto e do cheiro da refeição principal, além de oferecerem uma textura agradável e sabores diversificados. Normalmente, são usados de 3 a 5 tipos de queijo, geleias de frutas, mel e frutas naturais. Para quem não gostava dessas opções, não podia ingerir alguns desses alimentos ou não estava acostumado a comer queijos, era possível substituí-los por pedaços de frutas frescas, nozes e castanhas, que cumpriam o mesmo papel.

6 *Sobremesa*: é a parte doce da refeição, conforme conhecemos hoje.

Ainda podiam constar outros tipos de serviço entre os pratos, como um *consomeé* ou um *sorbet* para limpar o paladar.

Atualmente, em um restaurante 5 estrelas, a refeição é dividida da seguinte forma:

- Aperitivo;
- Couvert;
- Entrada;
- Prato principal;
- Sobremesa;
- Café e digestivos.

Com algumas diferenças, podemos perceber que **a inspiração para as refeições de hoje é a gastronomia francesa**. Isso se deve ao fato de que a França, durante muitos anos, dominou e ditou as regras dos jantares e cerimônias à mesa das monarquias. Assim, ainda temos muito do jeito francês de se alimentar.

Em relação à ordem do serviço, devemos obedecer às seguintes regras:

O serviço sempre se inicia com a entrada. Esta pode ser uma sopa, uma salada ou mesmo alguns aperitivos.

Se a entrada for fria, pode-se servi-la à mesa antes de os convidados chegarem. Cuide, apenas, com moscas e mosquitos.

Bebidas são servidas sempre pela direita, seguindo a mesma ordem dos pratos.

Não encha copos e taças. Para bebidas que não sejam o vinho, pode-se servir até dois terços do copo ou da taça.

Quando for servir o vinho, nunca passe de um terço da taça.

O cliente jamais deve se servir de vinho diretamente do balde de gelo. Quem deve servir a bebida é o garçom.

Pratos sujos são retirados sempre pelo lado esquerdo do convidado. Já os limpos e novos são sempre postos pelo lado direito destes.

Quando servir em estilo americano, nunca leve mais do que 3 ou 4 pratos por vez.

Não empilhe os pratos, tanto no momento de servi-los quanto no de retirá-los.

Retire as bebidas e os copos apenas depois do término da refeição.

O macarrão longo, como o *spaghetti*, não é servido com colher. Ao contrário do que se pensa, ele é apenas servido com o garfo, sem cortar os longos fios. Afinal, se fosse para ser curto, ele já viria assim, certo?

Serviço de bebidas

As bebidas são um complemento à alimentação, mas estão muito ligadas ao serviço. A bebida, normalmente, inicia e encerra a refeição. É ela que nos inebria e nos transporta para um universo em que os sentimentos permitem degustar ainda melhor os pratos que consumimos. **A bebida deve combinar com o prato, harmonizando-se com ele**. Quando isso acontece, temos um serviço perfeito! Dificilmente se pensa em um jantar sem qualquer tipo de bebida, mesmo que seja água. E, para atender aos nossos clientes, devemos conhecer as bebidas e a forma como são servidas.

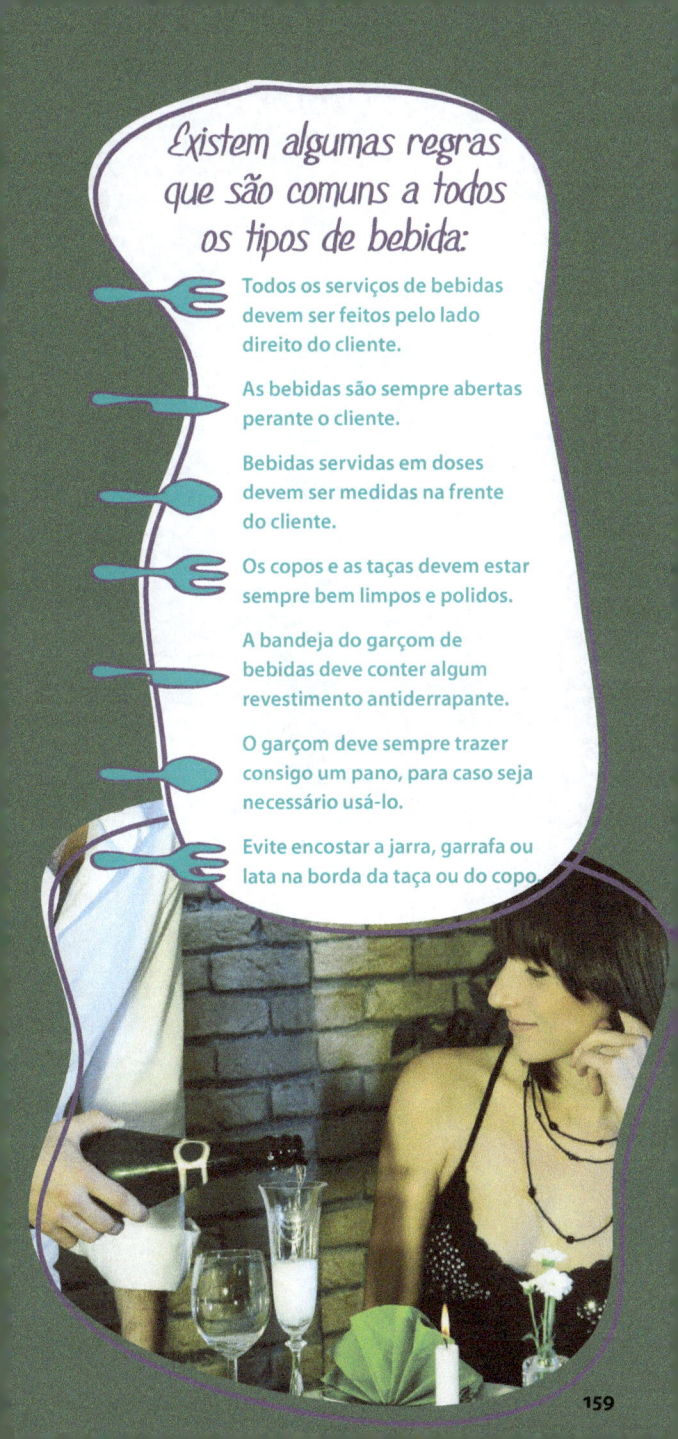

Existem algumas regras que são comuns a todos os tipos de bebida:

- Todos os serviços de bebidas devem ser feitos pelo lado direito do cliente.

- As bebidas são sempre abertas perante o cliente.

- Bebidas servidas em doses devem ser medidas na frente do cliente.

- Os copos e as taças devem estar sempre bem limpos e polidos.

- A bandeja do garçom de bebidas deve conter algum revestimento antiderrapante.

- O garçom deve sempre trazer consigo um pano, para caso seja necessário usá-lo.

- Evite encostar a jarra, garrafa ou lata na borda da taça ou do copo.

Serviço de bebidas não alcoólicas

As **bebidas não alcoólicas** são simples de servir. Como as demais, elas são **servidas à direita**. Bebidas gaseificadas devem ser servidas com cuidado para evitar que percam o gás. Em relação à água, o garçom deve **manter sempre a taça entre um terço e dois terços da bebida**.

Serviço de bebidas alcoólicas em doses

Esse tipo de bebida, como o uísque, deve ser apresentado ao consumidor em sua embalagem original, **sem que haja mudanças no lacre ou no rótulo**. Em seguida, o garçom deve dispor o copo onde será servida a bebida e perguntar ao cliente se este a prefere com ou sem gelo. Alguns tipos de uísque são servidos sem gelo, como no estilo *cowboy*.

O dosador de uísque é transportado dentro de outro copo vazio, para que não toque a superfície da bandeja. Quando você for servir esse tipo de bebida, apoie o seu dosador de 50 ml sobre a taça ou o copo onde servirá a bebida e sirva a dose completa.

Fique atento!

De praxe, costuma-se dar um "chorinho" de bebida. Esse chorinho é a quantidade de bebida que transborda da dose. Normalmente, essa dose pode variar de 5 a 10 ml e já está computada no preço da bebida. Oferecer esse chorinho é uma forma de cativar o seu cliente!

Vire o dosador no copo, deixando cair toda a bebida. Coloque-o novamente no copo auxiliar em que foi transportado, retire a garrafa de bebida e deixe seu cliente à vontade.

Fique atento!

Em alguns estabelecimentos, existe o costume de o cliente solicitar que a garrafa seja deixada na mesa. Isso pode ser permitido se, dentro da filosofia do seu estabelecimento, **existirem métodos de controle e cobrança para essa forma de serviço**. O mais comum é colocar uma fita dosadora na lateral da garrafa (as próprias fábricas de bebidas podem fornecer essa fita), marcar o volume inicial e, depois, deduzir do volume final, o que dará o volume de bebida consumido. Em outros casos, o cálculo pode ser feito pelo peso da garrafa, em uma metodologia diferente. A fita dosadora ainda é a mais comum.

Clubes de uísque têm se tornado moda dentro de hotéis, bares e casas noturnas. Neles, o consumidor adquire uma garrafa inteira do uísque de sua preferência, sendo esta adornada com uma fita dosadora. O cliente recebe um cartão com seu nome e com o número da garrafa e, toda vez que for ao bar, pode **solicitar ao garçom a sua garrafa de bebida**. Consumida a bebida, é assinado sobre a fita dosadora o exato local onde terminou o consumo daquela data; a garrafa volta para uma cristaleira específica para esse fim e o consumidor vai embora sem pagar esse consumo, pois ele já foi pago anteriormente, com a aquisição da garrafa.

Serviço de bebidas alcoólicas sem dosador

São feitos serviços especiais para o saquê, a cerveja e alguns tipos de licor. Em geral, a maioria das bebidas segue o ritual do dosador ou são drinques elaborados e executados pelo *barman*, o que simplifica o serviço, fazendo com que o garçom apenas apresente e coloque a bebida na mesa.

Já o serviço de **cerveja** é um pouco diferente, pois conta com um detalhe: **o colarinho**. Há pessoas que não gostam dele, pois o consideram um desperdício de cerveja. Os estudiosos de cerveja defendem que *a bebida sem colarinho perde sua gaseificação de forma mais rápida e atinge a temperatura ambiente também em um tempo menor.* Como regra geral, devemos solicitar ao cliente como este prefere consumir sua cerveja e devemos servi-lo da forma desejada. Se ele não demonstrar preferência, **servimos com dois centímetros de colarinho** ou a medida, aproximadamente, de dois dedos.

Para servir a cerveja com o colarinho correto, comece despejando a bebida um pouco mais alto, para que se forme uma pequena espuma.

Em seguida, incline o copo levemente e deixe a cerveja escorrer, sem fazer espuma.

Quando chegar perto da borda, endireite o copo e finalize quase na borda. **A cerveja é uma das únicas bebidas que deve ser servida até a borda.**

Para quem deseja a cerveja sem colarinho, sirva desde o começo com o copo inclinado e com cuidado. Isso evita a formação de espuma.

você sabia?

É costume no México colocar um gomo de limão sobre a cerveja para não deixar que moscas entrem dentro da bebida. No Brasil, tomou-se como padrão ou chupar o limão antes de beber ou introduzir o gomo de limão na garrafa de cerveja. Antes de beber, basta tirá-lo de dentro da garrafa.

O **chope** é uma cerveja que não foi pasteurizada. Por isso, sua validade é menor. Em geral, **não há chope sem colarinho**, chamado de *creme*. O chope vem servido diretamente do bar.

O **saquê** é outra bebida que exige uma forma especial de ser servida. Por simbolizar fartura e abundância, é exigido que, quando for servida a bebida, esta transborde do copo. Alguns costumam servir o saquê com um pouco de sal na borda do copo, mas isso não é uma regra geral.

Por falar em sal, a tequila também tem um ritual próprio para o serviço. Juntamente com a bebida, é ofertado ao cliente um gomo de limão e um pouco de sal. Como costume, as pessoas chupam o gomo de limão junto com o sal para, em seguida, virar a dose de tequila em uma vez.

você sabia?

Como a **tequila** é uma bebida muito forte, com 40% de álcool, é comum haver uma queda de pressão arterial muito rápida e, em seguida, o desejo de expelir a bebida que está agredindo o organismo. Para evitar que isso ocorra, usamos o **sal**, além do **limão**, que evita a náusea.

Serviço do vinho

Esse é o serviço de bebidas mais delicado e requintado. O universo do vinho possui uma aura e um requinte que faz com que a bebida seja tratada de forma diferente pelos próprios bebedores. Por esses motivos, atualmente existe um profissional especializado em serviços e vendas de vinho: o *sommelier*.

Normalmente, esse tipo de profissional fez um curso para aprender sobre todos os detalhes do mundo do vinho, como vinificação, os tipos de uvas diferentes, as regiões produtoras pelo mundo, as melhores safras, os melhores produtores, os melhores vinhos e os detalhes de degustação – como a forma mais adequada de se consumir a bebida e quais os aromas e sabores encontraremos dentro do vinho.

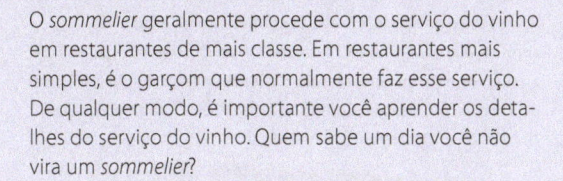

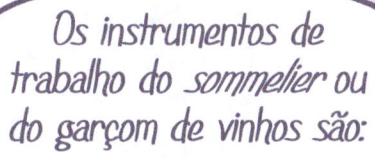

O *sommelier* geralmente procede com o serviço do vinho em restaurantes de mais classe. Em restaurantes mais simples, é o garçom que normalmente faz esse serviço. De qualquer modo, é importante você aprender os detalhes do serviço do vinho. Quem sabe um dia você não vira um *sommelier*?

Os instrumentos de trabalho do *sommelier* ou do garçom de vinhos são:

- Um bom **abridor de garrafas** (o mais utilizado é do tipo canivete);
- Um **balde para garrafas e gelo**;
- Um *taste vin* – pequeno provador de vinhos feito de prata;
- Um **guardanapo de serviço**;
- Um *decanter* – espécie de garrafa de vidro onde é colocado o vinho para respirar e oxigenar antes de ser servido.

O serviço de vinho inicia quando o cliente chega ao restaurante. Após ser acomodado à mesa, juntamente com a carta de comida, é apresentada a carta de vinhos. O *sommelier* pode auxiliar na escolha, orientando o cliente sobre a opção desejada, de acordo com o prato pedido. Harmonizar o prato com o vinho é muito importante.

Escolhido o vinho, o *sommelier* deve se dirigir à adega e verificar a disponibilidade da bebida.

O serviço do vinho deve ser montado no balcão de apoio, com as taças adequadas – e, caso seja necessário, um pratinho para a apresentação da rolha –, um guardanapo de pano, um guardanapo de papel, um saca-rolha e o *taste vin*.

Caso este não esteja disponível, pode ser substituído por outra taça de prova. Se o vinho for mais velho e precisar de alguns minutos de oxigenação, deve ser levado junto com um *decanter*. No caso de vinhos brancos e espumantes, também é montado um balde com gelo e água.

Ao chegar à mesa, apoie sua bandeja em uma mesa vizinha, no *guéridon* ou em um apoio montado para esse serviço.

Pelo lado esquerdo de quem pediu o vinho, apresente o rótulo da garrafa e mostre ao cliente o nome e a safra.

Após a aprovação deste, apoie a garrafa na mesa, ou no *guéridon*, e retire a cápsula do vinho com a faquinha que está no abridor estilo canivete.

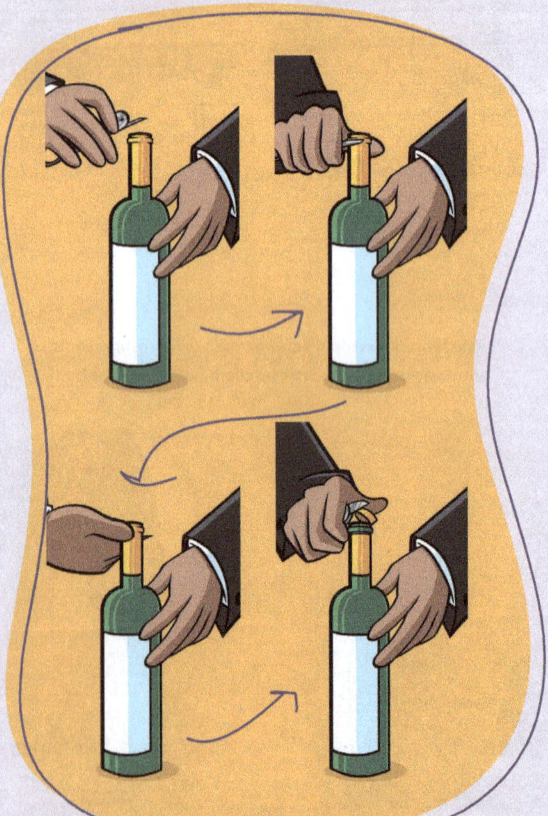

Deixe a cápsula de lado. Aponte a pontinha da rosca do saca-rolha no meio da cortiça da rolha.

Com a garrafa parada, gire o saca-rolha até que esteja com todas as voltas da rosca introduzidas na rolha.

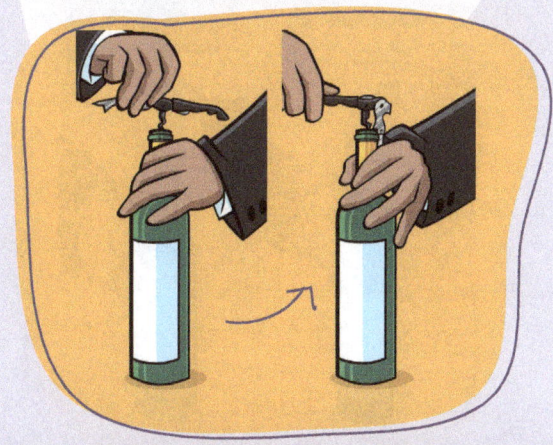

Com o primeiro apoio, faça uma alavanca e retire metade da rolha.

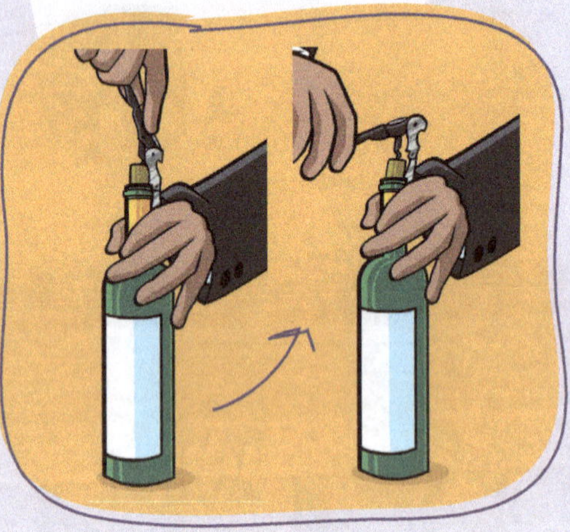

Mude a posição do apoio para o segundo estágio e retire a rolha por inteiro, evitando tocar na parte que estava em contato com o vinho.

Com o guardanapo de papel, segure a rolha e retire-a do saca-rolha.

Coloque-a em cima do pires que levou consigo e apresente-a ao cliente. **Na rolha estão as informações primárias sobre o vinho:** se ele foi bem armazenado ou se foi atacado por algum tipo de fungo.

Com o consentimento do cliente, sirva uma pequena dose – cerca de 2 goles na taça de quem solicitou a bebida.

Este irá prová-la e dará seu consentimento para que o garçom sirva a todos da mesa.

lembre-se!

As taças de vinhos devem ser preenchidas até um terço do seu volume total.

Em alguns casos, o cliente pode solicitar ao *sommelier*, ou ao garçom, que prove o vinho no seu lugar. Isso acontece quando o vinho é desconhecido para o comensal e ele deseja uma opinião profissional. Após a aprovação, prossiga com o serviço, **servindo primeiro as mulheres** (das mais velhas para as mais novas) e, em seguida, os homens (na mesma ordem). Por fim, complete a taça do cliente que escolheu o vinho. Cada garrafa de vinho tem capacidade de servir 1 dose de vinho para 10 a 12 pessoas.

fique atento!

Cuide para que nenhuma gota pingue tanto na toalha quanto na roupa dos clientes. Para isso, gire levemente a garrafa quando terminar o serviço, de modo que a gota fique presa na borda. Pode-se utilizar um guardanapo de serviço para limpar a borda do vinho, sem que isso seja visto pelos clientes.

No caso dos vinhos brancos e espumantes, eles *devem permanecer o tempo todo dentro do balde com gelo*. Preste atenção ao consumo do vinho, para que as taças não fiquem vazias.

Sequência de um serviço

A seguir, veremos como funciona a sequência do serviço feito em um restaurante, com todos os procedimentos necessários para cada etapa. A sequência obedece a ordem em que cada procedimento deve ser feito, de modo que fique mais fácil a sua compreensão.

1 Reserva

Em diversos tipos de restaurantes, os clientes fazem a reserva do jantar ou da mesa por telefone. Em alguns casos, um garçom pode ser o responsável por esse procedimento.

Caso seja o seu caso, aja da seguinte forma:

- Seja cortês ao atender ao telefone – diga o nome do estabelecimento, o seu nome e faça uma saudação ao cliente. Algo como "Restaurante Tivoli, Antônio, boa tarde!".

- Sorria ao falar ao telefone; com certeza, seu cliente irá perceber.

- Provavelmente, o cliente buscará informações sobre como funciona a casa. Esclareça as dúvidas de forma completa e não demostre má vontade.

Nesse ponto, o cliente pode desistir do jantar ou criar uma boa expectativa. Ao solicitar a reserva, peça em nome de quem esta deve ser feita, para quantas pessoas deve ser reservado, um telefone de contato e o horário estipulado para chegada.

Deixe claro que a **reserva é mantida por apenas meia hora** (apesar de ser uma regra geral, ela pode ser adaptada dependendo do estabelecimento) após a hora estipulada. Agradeça seu cliente e diga um "até breve".

Anote essas informações em uma agenda ou livro de reservas do restaurante, para que seja de livre acesso de todos.

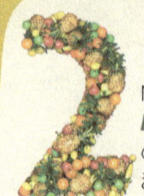

2 Recebendo o cliente

Na entrada do restaurante, normalmente fica uma *hostess*, profissional responsável por recepcionar os clientes, conferir suas reservas e encaminhá-los às mesas. Em alguns casos, isso é feito pelo *maître* do restaurante ou por um garçom.

Após encaminhar o cliente à mesa, pergunte a ele se ela está de acordo com o que o cliente deseja. **Procure sempre manter contato com o cavalheiro, se for um casal**.

Ao chegar à mesa desejada, auxilie a dama, afastando a cadeira para que possa se sentar. Em seguida, empurre levemente a cadeira e deixe-a se ajustar de modo que possa ficar confortável.

3 As cartas

Depois de sentados, o garçom, o *maître* ou a *hostess* deve apresentar a carta do restaurante com as comidas. De preferência, **abre-se a carta na primeira página**, entregando-a ao cliente – primeiro as damas e, depois, os cavalheiros. Deixa-se ao lado da mesa a carta de vinhos, explicando ao cliente, normalmente o homem, sobre a presença da carta.

O garçom deve se retirar do lado do cliente, deixando ele à vontade para escolher o que deseja. **Ele deve ficar próximo à mesa, mas sem ficar em cima do cliente**. Fique atento ao cliente caso este o chame para esclarecer alguma dúvida.

O sinal para que você possa se dirigir à mesa e tirar o pedido é o momento em que o cliente **fecha o cardápio**, depositando-o na mesa. Nessa hora, você deve se encaminhar à mesa deste e perguntar a ele se deseja fazer o pedido. Anote com cuidado o que for solicitado e verifique se o cliente possui um pedido especial – um prato sem cebola, ou com mais queijo, por exemplo.

importante!

Outro dado importante é anotar para quem é cada pedido. Por exemplo: em uma mesa com quatro pessoas, existe um modo de colocar um número em cada prato para saber a quais pessoas cada um se destina. Eu costumo usar a seguinte lógica: *a pessoa que se encontra de costas para a porta de entrada é o número 1*. Em sentido horário, temos o 2, o 3, o 4 e assim por diante. Em uma mesa, a numeração ficaria da seguinte forma:

Disposição de números em uma mesa (sugestão)

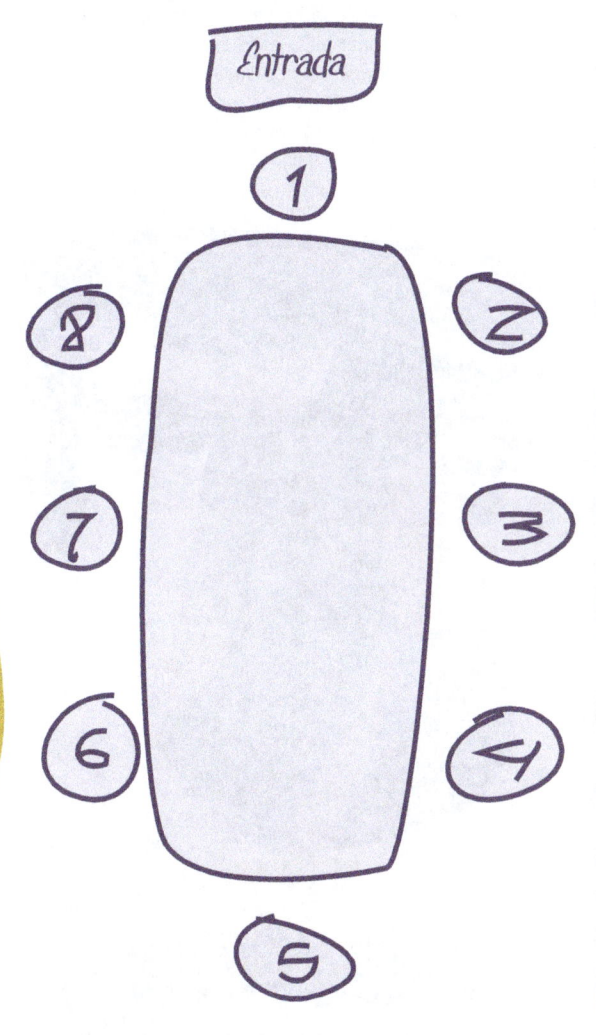

Entrada

1
2
3
4
5
6
7
8

Dessa forma, fica mais fácil entender a qual cliente se destina cada prato, evitando o ato constrangedor de chegar na mesa e perguntar de quem é cada prato.

4 Vinhos

Vimos anteriormente que o serviço de vinho é muito requintado e conta com profissionais especializados nessa função. Em um restaurante que possui um *sommelier*, é ele que deve oferecer a carta de vinhos e auxiliar sobre qualquer tipo de dúvida em relação à harmonização dos pratos com a bebida.

lembre-se!

O cliente tem sempre razão.
Você pode até explicar que determinado vinho não combina com o prato escolhido, mas, se ele insistir na escolha, traga o vinho que este deseja, mesmo que esteja equivocado.

Serviços

Todo o serviço segue com a ordem em que os pratos são servidos, respeitando sempre um tempo padrão para cada um deles, para que não se demore demais e o cliente fique esperando. Sendo assim, veremos, a seguir, quanto tempo normalmente se demora para servir cada etapa de uma refeição completa após ser feito o pedido:

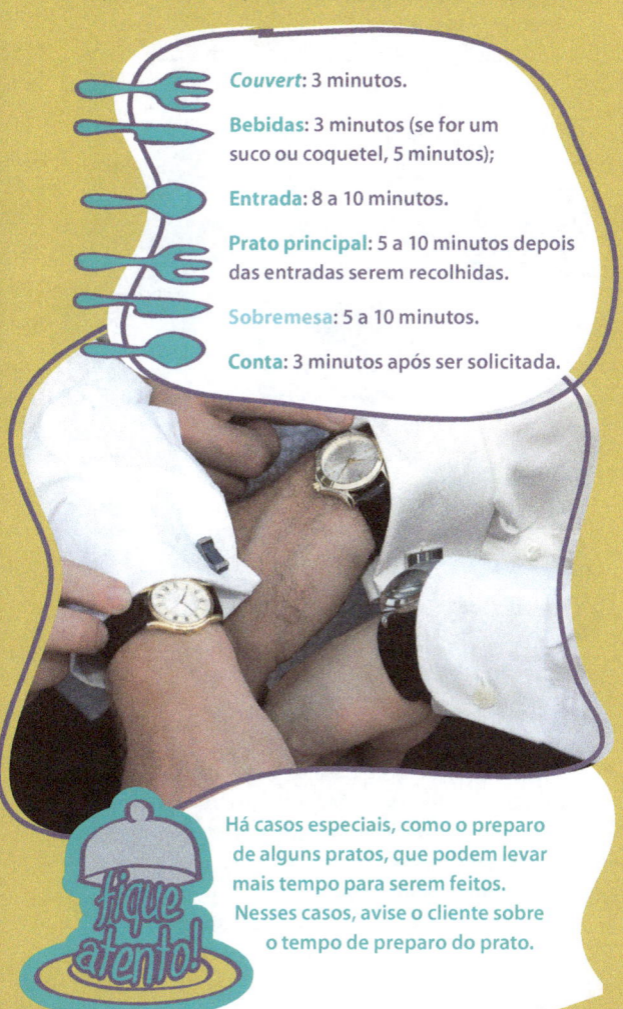

Couvert: 3 minutos.

Bebidas: 3 minutos (se for um suco ou coquetel, 5 minutos);

Entrada: 8 a 10 minutos.

Prato principal: 5 a 10 minutos depois das entradas serem recolhidas.

Sobremesa: 5 a 10 minutos.

Conta: 3 minutos após ser solicitada.

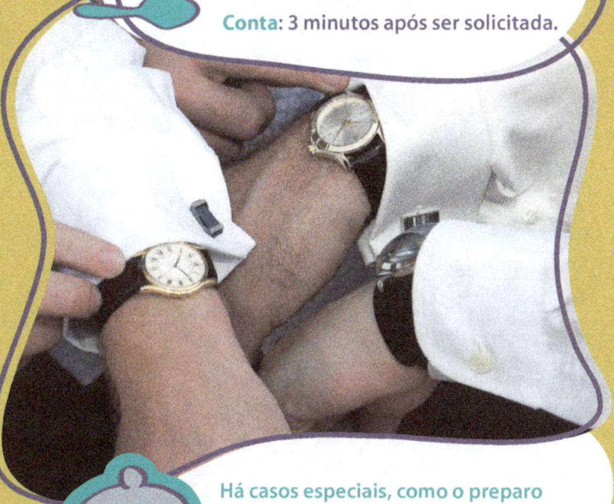

fique atento!

Há casos especiais, como o preparo de alguns pratos, que podem levar mais tempo para serem feitos. Nesses casos, avise o cliente sobre o tempo de preparo do prato.

fechamento de conta

Ao fechar a conta do cliente, esteja seguro de que *ele foi atendido perfeitamente e que todas as suas necessidades e expectativas foram atendidas.* Dirija-se ao caixa do restaurante e solicite o encerramento da conta da mesa do cliente. Confira com o caixa o consumo e os valores lançados, pois não é incomum que aconteçam erros. Caso seja constatada alguma falha, corrija-a antes de levar a conta à mesa.

Entregue a conta sempre ao cavalheiro (quando casal) ou a quem a solicitou. Retire-se para deixar o cliente à vontade ao conferir seu consumo e verificar a forma de pagamento. Se for pagamento em cartão de crédito ou débito, verifique se é possível levar a maquininha à mesa. Caso não seja possível, encaminhe o cliente até o caixa. Esteja sempre seguro de que o atendimento, a comida e a bebida estavam de acordo com a expectativa deste.

Despeça-se de forma cortês, agradecendo a preferência e esperando o retorno do cliente.

Limpeza da praça e da mesa

Somente após o cliente deixar a mesa é que podemos proceder com a limpeza desta. **É de bom tom que os pratos sujos sejam retirados da mesa sempre que o cliente terminar de comer**, bem como que seja passado um pano caso haja qualquer respingo de molho ou algo que possa sujar a roupa do cliente.

As taças, os copos e as garrafas devem ser deixados na mesa e retirados apenas depois da saída do cliente. Nesse momento, é trocado o jogo de toalhas, se necessário, ou apenas o *naperon*, quando possível. Isso faz com que as toalhas, que são mais caras, durem mais tempo. Coloque um novo *naperon* e uma nova toalha, se precisar, alinhe-os corretamente e proceda com a limpeza do chão embaixo da mesa e das cadeiras.

Alinhe corretamente as cadeiras e a mesa para que recebam um novo cliente. Remonte o *mise en place*, de acordo com o padrão do restaurante. Esses passos devem ser feitos de maneira discreta para que os outros clientes das mesas próximas não se incomodem com a movimentação. **Nenhum barulho deve ser feito**, evitando incomodar os outros clientes.

Caso a toalha seja trocada, cuidado para que não apareça o tampo da mesa ou mesmo o moletom, se houver. Isso é evitado com uma manobra simples, que faz com que seja possível se colocar uma nova toalha, ao mesmo tempo que a outra é retirada, sem deixar aparecer nada da mesa. Com treino, você também vai conseguirá fazê-la!

Deixe sua praça sempre em ordem e limpa, mesmo durante o serviço. Se você não precisa atender às mesas ou não há nada para ser polido, arrume sua praça, deixando tudo em ordem e limpo de modo que os clientes não vejam bagunça.

Encerramento do dia

Para encerrar o expediente, devemos esperar que todos os clientes do dia terminem seu consumo, encerrem as contas, façam o pagamento e se retirem. É muito chato você estar em um restaurante e os garçons começarem a varrer o chão, levantar as cadeiras, recolher os itens em cima das mesas, não é mesmo? Contudo, antes de encerrar o trabalho do dia, é comunicado aos clientes, caso seja a filosofia do estabelecimento, que a cozinha será fechada. É nesse momento que os clientes devem fazer o último pedido, caso ainda desejem algo.

Por isso, assim que termina o atendimento ao público, começam os procedimentos de limpeza e organização do salão. Mas isso não quer dizer que o seu aparador e os itens de dentro do restaurante não possam ser adiantados. Trabalhar sem atrapalhar os clientes, sempre!

Com todas as mesas já atendidas, o garçom ou o *maître* sinaliza para a cozinha que o serviço do dia foi encerrado. Após a saída do último cliente, inicia-se o processo de arrumação e limpeza do estabelecimento.

1 Para começar, são retirados todos os pratos, os copos, as taças e os talheres de cima das mesas. Normalmente, não se deixa o *mise en place* montado para o dia seguinte, pois o processo de varrer o chão – em alguns casos encerar ou passar aspirador de pó –, faz com que pó que se levanta do chão se deposite sobre os pratos e as taças, sujando-os. Para evitar que isso aconteça, todos os utensílios são recolhidos no fim do dia.

2 Com tudo devidamente guardado e limpo, começam os procedimentos de trocas de toalhas, se necessário. Naperons também são revistos e reorganizados.

3 Por fim, erguem-se as cadeiras para começar a varrer ou limpar o salão. Em alguns restaurantes, opta-se por apenas erguer as cadeiras, visto que, na manhã seguinte, uma equipe de limpeza ficará responsável por limpar todo o estabelecimento. Caso não haja uma equipe responsável por essa tarefa, os próprios garçons podem limpar o salão quando chegarem.

4 Com tudo organizado, são verificados os estoques de bebidas resfriadas, de gelo e os pedidos de itens para o dia seguinte, como frutas para o bar, gelo, bebidas etc. Esses pedidos, normalmente, são passados para o responsável pelas compras, para serem providenciados no dia seguinte. Cada estabelecimento possui, no entanto, sua forma de trabalhar.

5 Por fim, é fechado o caixa, feita a conferência de bebidas e são guardados todos os itens de valor do salão. Encerra-se, assim, mais um dia de trabalho.

Garçom no serviço de eventos

Os garçons podem, como visto anteriormente, trabalhar em eventos. Esses serviços são muito similares aos feitos pelos restaurantes, mas enquanto estes possuem uma rotina diária, o evento pode durar somente um dia. E esse dia tem de ser perfeito.

Um casamento, uma festa de 15 anos, um batizado, uma reunião de empresa, entre outros, possuem uma característica: **são momentos únicos**. Por isso, mais do que realizar um bom trabalho, em um evento o seu trabalho deve ser perfeito!

É essa perfeição que faz com que bons profissionais de eventos tenham uma remuneração maior!

Caso você deseje se aventurar nessa área, saiba que cada evento tem suas particularidades e cada organizador ou promotor de evento tem suas exigências. O que temos em comum entre todos eles são os mesmos padrões de atendimento que já vimos neste capítulo. Ou seja, *não importa onde você vai trabalhar, o sistema de servir é o mesmo.*

Vale destacar que, para trabalhar com eventos, o profissional deve ter disponibilidade de horários, para não deixar os contratantes na mão. Normalmente, o garçom de eventos tem uma fidelidade a uma casa de eventos ou a um organizador. Essas casas ou organizadores fazem com que o trabalhador **tenha maior possibilidade de ganho**, pois dão prioridade para aqueles profissionais que são fiéis a eles.

Se você deseja se inserir nesse mercado, aprenda cada vez mais sobre os serviços e as diversas formas de se conseguir cativar um cliente, pois os profissionais que se dedicam a eventos devem ser **diferenciados, versáteis e alegres**. Pense que cada dia de trabalho é diferente do outro, contando com um dinamismo que dificilmente você encontrará em outra profissão. É isso que cativa cada vez mais os profissionais de serviços a trabalhar com eventos. Além disso, você pode conseguir, muitas vezes, fazer algumas coisas que dificilmente conseguiria se trabalhasse em um local fixo.

Há pontos **positivos** e **negativos** que devem ser pensados. Normalmente, você não trabalhará nas segundas, nas terças e nas quartas. Entretanto, quintas, sextas e sábados, como são dias de maior incidência de eventos, será preciso que você trabalhe. Porém, caso você se adapte ao estilo de vida, pense que muitas vezes você poderá ter até **4 dias de folga!**

Contudo, não é raro que você passe uma ou mesmo mais semanas trabalhando sem descanso. A vantagem é que você está sendo remunerado para isso!

Vale sempre a pena ponderar todos esses pontos antes de se aventurar nesse ramo. Para quem tem o perfil adequado, é uma boa oportunidade de se realizar profissionalmente! Independentemente disso, e como em qualquer profissão, **dedique-se e acredite que seu trabalho faz a diferença**, pois só assim você conseguirá trabalhar feliz e se sentir recompensado pelo seu esforço!

menu de exercícios

1. Explique a diferença entre os três tipos de *mise en place*. .... pgs. 120-121

2. Qual é o procedimento a ser adotado quando um cliente solicitar um peixe e o *mise en place* montado for o de base? .... pg. 123

3. Quantos garfos há num *mise en place* completo? Qual a função de cada um deles? .... pg. 126-128

4. Cite três tipos de serviço e dê um exemplo para cada um deles. .... pg. 138-150

5. Cite e explique as características de quatro tipos de restaurante. .... pg. 131-137

6. Qual é o número de pessoas que podem ser servidas em um serviço à francesa? E no à americana? .... pg. 140 e 147

7. Qual é a ordem dos serviços em um jantar? .... pgs. 151-154

8. Como deve ser servida uma bebida alcoólica com dosador? E quando for uma bebida em que não se usa dosador? .... *pgs. 161-167*

9. Como deve ser servido o vinho branco? Onde ele deve ser colocado depois de aberto? .... *pgs. 90 e 115*

10. Qual é o modo correto de servir um vinho tinto? ..... *pg. 115*

11. Cite a sequência de serviço correta, desde a reserva até o fechamento da conta, descrevendo rapidamente como esta é feita. .... *pgs. 179-186*

12. Quais são os procedimentos a serem tomados ao se encerrar o expediente? .... *pgs. 191-194*

13. Por que o garçom de eventos deve ter disponibilidade de tempo? .... *pgs. 196-197*

5
Bebidas e comidas

Neste capítulo, aprenderemos a respeito das comidas e bebidas. Mas por que é importante saber a respeito desse assunto se a função principal de um garçom é servir? Porque o garçom, antes de tudo, serve como **intermediário entre o cliente e o estabelecimento, ou seja, ele é um vendedor**!

Seja um vendedor!

Você, como garçom, recebe uma comissão pelos seus serviços, não é mesmo? O cardápio que você oferece aos clientes contém os produtos que são vendidos pelo estabelecimento – comidas e bebidas, por exemplo. Portanto, *você é um vendedor!*

E, como vendedor, você deve conhecer os seus produtos e valorizar tudo o que está relacionado a eles. Um bom vendedor só conseguirá vender seus produtos se conhecê-los bem e souber quais são os seus pontos mais fortes.

Para saber vender, você precisa conversar muito com os cozinheiros, com o *Chef* da cozinha, com o *barman*, com o *maître*. São eles que irão dar todo o subsídio para conhecer bem o cardápio, o modo como são preparadas as refeições e quais são os ingredientes utilizados. **Tanto os ingredientes quanto o modo de preparo devem estar na ponta da língua!** Somente com segurança e firmeza você conseguirá colocar o que quiser na mesa do seu cliente!

importante!

O conhecimento do cardápio não se dá somente por meio de conversas. *Você precisa provar o que é servido no seu restaurante!* Isso é fundamental para que você compreenda os sabores, os aromas, as texturas e a intenção do prato proposto ou da bebida montada no bar. Com essa vivência, você conseguirá passar ao seu cliente aquela sensação única que teve ao experimentar o prato ou a bebida. E isso cria uma expectativa no cliente, que vai querer compartilhar desse momento com você!

Falar com propriedade e segurança sobre a comida é essencial, pois faz com que você mostre ao cliente que realmente experimentou o prato e que gostou, ou não, do que comeu. Mesmo que seja uma opinião negativa, ela deve ser fundamentada. Por exemplo: "Sim, senhor, experimentei esse prato de camarões, mas tenho alergia a camarão, por isso, para mim, ele não foi o mais adequado. Mas garanto que é muito bom!".

Contudo, antes de respondermos a qualquer dúvida, *precisamos compreender o que o cliente quer*. E só conseguiremos isso ao perguntarmos sobre o que ele gosta, qual prato ele deseja, quais as combinações que mais o agradam e se ele possui alguma restrição alimentar. Com isso, conseguimos desenhar em nossa cabeça qual prato do cardápio melhor atende ao perfil do cliente. Para poder fazer tal "desenho", **precisamos conhecer muito bem nosso cardápio.**

Caso haja uma mudança ou surjam dúvidas em relação ao cardápio, converse com a cozinha para entender o que mudou e saber quais foram os pratos novos inseridos no cardápio, além de sanar as suas dúvidas.

Quanto mais seguro você estiver a respeito dos produtos que vende, mais rapidamente atenderá aos clientes.

Quanto mais rápido for o atendimento, mais clientes serão atendidos. Isso significa que ocorrerão mais vendas e a sua comissão ao final do mês será maior!

A seguir, vamos conhecer os itens mais comuns em cardápios de restaurantes!

Conhecendo para vender

Como dissemos anteriormente, é preciso conhecer os produtos de seu estabelecimento para saber vendê-los. Para nos aprofundarmos nesse assunto, dividiremos esse conhecimento em dois tópicos: **bebidas** e **comidas**, o que facilitará o entendimento a respeito de cada item do cardápio, além da forma e de como esses produtos podem ser vendidos.

Bebidas

Considera-se como *bebida* todo líquido que poder ser servido para acompanhar uma refeição ou servir de alimento. Esses líquidos abrangem desde a água até os destilados mais fortes. São muitos os tipos de bebida (refrigerantes, águas com sabor, sucos, licores, vinhos, espumantes etc.) que temos em um cardápio de restaurante ou de bar e, normalmente, as bebidas têm um fator importante no consumo, pois servem como pretexto para a confraternização, a comemoração ou, às vezes, como consolo para algo menos alegre. No geral, temos dois tipos de bebidas: as **alcoólicas** e **não alcoólicas**.

Bebidas não alcoólicas

São consideradas bebidas não alcoólicas a água, os sucos (naturais ou industriais), os refrigerantes e, mais recentemente, as águas gaseificadas com sabor. Vamos entender cada uma delas.

Água: é a bebida base para tudo. No restaurante, serve para limpar o paladar entre a troca dos pratos ou para acompanhar o vinho (também com a mesma função). É consumida por todos e utilizada para tudo, desde o processo de produção da comida na cozinha até seu serviço nas taças dos clientes.

Sucos: podem ser feitos de fruta natural, o que é o mais comum, ou de preparados concentrados sintéticos. Nos restaurantes, em geral, os sucos são naturais (mais valorizados) ou envasados industrialmente (sucos em lata, por exemplo). O suco de laranja é o mais procurado.

Refrigerantes: são bebidas que contêm gás, não possuem álcool e não passam por nenhum processo de fermentação. O gás é injetado em seu composto por meio de um processo que insere o gás carbônico na bebida quando ela está sendo produzida. Devem ser acondicionadas em embalagens que possuam tampa, além de serem servidas frias, de modo que não percam o gás.

Você sabia?

Quando você for a um restaurante de *fast-food*, peça sempre seu refrigerante com gelo, pois é ele que ajuda a preservar o efeito refrescante proporcionado pelo gás e a conservá-lo por mais tempo. Por isso, da próxima vez que pedir seu lanche, não se esqueça de pedir sua bebida bem gelada!

Há refrigerantes de diversos sabores, sendo os mais comuns os de xarope de cola, guaraná, laranja, limão e uva. Regionalmente, existem alguns refrigerantes diferentes, como os de framboesa, gengibre, entre outros. Esse tipo de bebida pode ser encontrado na versão *light*, com menor concentração de açúcar e calorias, e "zero", com zero caloria por porção, como são divulgados. Atualmente, os refrigerantes *diet* caíram em desuso, com a entrada dos refrigerantes "zero".

você sabia?

Os refrigerantes surgiram nas farmácias. Antigamente, os farmacêuticos eram os únicos que podiam servir esse tipo de bebida, pois detinham o conhecimento sobre a composição do xarope a ser adicionado à água gaseificada no momento de fabricar o refrigerante. Já pensou você indo até a farmácia para tomar um copo de refri?

Águas com sabor: conhecido como *refrigerantes de baixa caloria* ou como *água com sabor gaseificada*, esse tipo de refrigerante tem conquistado um mercado cada vez mais expressivo. São bebidas com menor quantidade de xarope e de açúcar, o que as torna mais leves ao paladar. Também contam com um teor menor de gás em relação aos refrigerantes tradicionais. Sabores com limão, uva e maçã são bastante procurados.

Bebidas alcoólicas

Entendemos por *bebida alcoólica* todas aquelas que contêm álcool como um de seus componentes. O álcool das bebidas é formado pela fermentação dos açúcares do sumo, que pode ser de frutas, de grãos, do caule de plantas etc. Em alguns casos, é utilizada uma quantidade maior de açúcar para dar maior teor alcoólico a algumas bebidas.

Não há uma data precisa de quando surgiram as primeiras bebidas alcoólicas. Provavelmente, foram descobertas ao acaso, em um processo de fermentação natural de algum suco de fruta, que causou uma bebida inebriante. Há relatos em livros históricos, como a Bíblia, que dizem que Noé, ao descer do monte Ararat, teria plantado uma videira, feito vinho das uvas e se embebedado com ele.

As bebidas alcoólicas distinguem-se pelo processo que passam e podem ser **destiladas**, **fermentadas** ou **compostas**. Cada uma delas passa por um tipo de processo de finalização, mas todas têm origem nos fermentados – forma com que o açúcar se transforma em álcool nas bebidas. Depois, de acordo com o modo como são processadas, dividem-se e formam grandes grupos. Vamos conhecer um pouco sobre esses grupos e algumas das bebidas mais vendidas.

você sabia?

Os índios brasileiros também produzem a sua bebida alcoólica! Ela é resultado da mistura de sucos de frutas com a pasta produzida pela mastigação da mandioca. Essa mistura é levada ao fogo para ferver. A essa bebida se dá o nome de *cauim*.

Bebidas fermentadas

É o início de toda bebida alcoólica. É por meio da fermentação dos açúcares do sumo que o álcool é criado. Porém, os micro-organismos que fazem essa fermentação agem somente até certo ponto, o que faz com que as bebidas alcoólicas fermentadas tenham um **teor alcoólico menor do que as destiladas**. Como exemplo desse tipo de bebida, podemos citar o vinho, o *champagne*, os espumantes, o saquê, o hidromel e a cerveja.

> *Vinho*: é um dos fermentados mais antigos do mundo. Fruto da fermentação natural do suco de uva, possui graduação alcoólica entre 11% e 16%. O vinho do porto, que é mais alcoólico, é enriquecido com álcool de bagaceira.

O vinho é classificado em cinco tipos: **branco, tinto, rosé, espumante** (e aqui entram os *champagnes*, as cavas, os proseccos etc.) e **fortificados**. Os três primeiros possuem processo de fabricação semelhante e se distinguem pela **cor**, dada no início do processo de fermentação pelo contato com as cascas das uvas. Há vários **vinhos brancos** que são feitos com uvas tintas; entretanto, as cascas não devem estar presentes no processo de fermentação.

Já os *espumantes* são vinhos gaseificados. Em geral, esse gás tem origem em uma segunda fermentação, que ocorre com a adição de um licor que faz com que o vinho fermente uma segunda vez, mas agora só criando bolhinhas. Nesse processo, o mais famoso (e mais caro) é o **champagne**.

você sabia?

Todo *champagne* é espumante, mas nem todo espumante é *champagne*. Para ser chamado de *champagne*, um espumante precisa ser produzido por um método especial, o **champenoise**, com uvas específicas e dentro da região francesa de Champagne. Se não cumprir esses requisitos, o vinho é chamado simplesmente de *espumante*.

Por último, os *vinhos fortificados* são aqueles que possuem adição de aguardente vínica no fim do seu processo de fabricação, o que faz parar a fermentação e deixa o produto mais doce e alcoólico. Normalmente, são servidos como acompanhamento de sobremesas. O mais famoso deles é o **vinho do porto**, feito em Portugal.

Saquê: fermentado de arroz, é típico do Japão, onde é apreciado puro. No Brasil, virou composição para drinques, como a "saquerinha", uma caipirinha feita com saquê e frutas. Tradicionalmente, o serviço do saquê é feito em uma espécie de copo quadrado, em um pires do mesmo formato. A bebida é colocada no copo até transbordar, pois é assim que os japoneses demonstram fartura.

Hidromel: é um fermentado de água e mel. Era bebido pelas tropas *vikings* e pelos celtas antes, durante e depois das batalhas. Perdeu-se por um tempo e hoje conta com alguns pequenos produtores em alguns lugares do Brasil e do mundo que tentam resgatar sua cultura. Tem um aroma delicioso de mel.

Cerveja: bebida fermentada de cereais, normalmente cevada. Possui um sabor amargo e é gaseificada. É uma bebida refrescante e fácil de ser encontrada. Como a cerveja é uma bebida muito antiga, foram sendo criadas diversas segmentações dessa mesma bebida, de acordo com os pequenos produtores que a faziam. Cada uma delas é fruto de uma região e possui suas peculiaridades. No Brasil, as mais consumidas são as do tipo **pilsen** e o seu derivado: o **chope**. O chope é uma cerveja que não foi pasteurizada; por isso, tem uma validade menor. Sobre o serviço de cerveja, consulte o Capítulo 4.

você sabia?

Foram encontradas ânforas de cerveja nos túmulos de faraós do antigo Egito. Para eles, a cerveja era considerada como uma espécie de "pão líquido", pois utiliza em sua composição os mesmos ingredientes usados no pão e possui maior tempo de conservação, devido ao álcool.

Bebidas destiladas

A **destilação** é a forma de separar líquidos com pontos de ebulição diferentes. Com esse processo, o álcool, que evapora em uma temperatura mais baixa que a da água, é separado de outros líquidos e depois ajustado em seu teor alcoólico, dependendo do tipo de bebida fabricada.

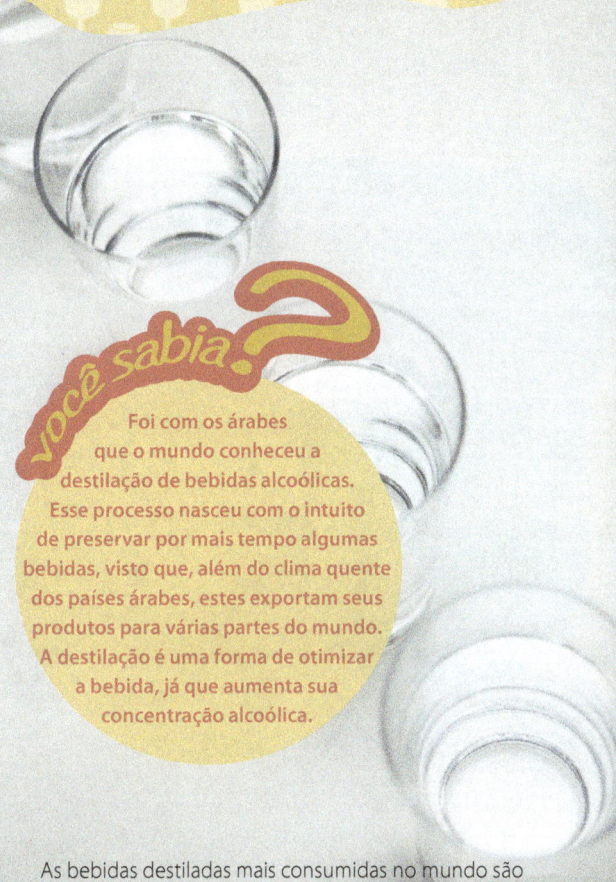

você sabia?

Foi com os árabes que o mundo conheceu a destilação de bebidas alcoólicas. Esse processo nasceu com o intuito de preservar por mais tempo algumas bebidas, visto que, além do clima quente dos países árabes, estes exportam seus produtos para várias partes do mundo. A destilação é uma forma de otimizar a bebida, já que aumenta sua concentração alcoólica.

As bebidas destiladas mais consumidas no mundo são o **uísque**, o **conhaque**, a **cachaça**, o **rum**, a **vodca**, a **tequila** e a **grapa**. Outras bebidas destiladas são o *ouzo*, o áraque, o absinto, o pisco e o *soju*.

você sabia?

O *soju* é uma bebida destilada de arroz, produzida na Coreia. É tida como a bebida destilada mais consumida no mundo. Possui graduação alcoólica de cerca de 20%, podendo chegar a até 45% de álcool. Feita, normalmente, apenas com arroz, ultimamente tem sido fabricada com um misto de arroz e batata.

Uísque: é uma bebida feita de cereais, normalmente maltados. Geralmente, envelhece diversos anos em tonéis de carvalho antes de ser colocada para consumo. Há os uísques tradicionais do Brasil, além dos importados, classificados pelos anos de envelhecimento. O tempo mínimo de envelhecimento é de 8 anos, mas este pode chegar até 21 anos ou mais!

Muito apreciada pelos homens, possui diversas classificações. Os uísques mais famosos são os escoceses, mas os americanos criaram um tipo de uísque que ficou famoso no mundo todo, o Bourbon, que é servido no estilo *cowboy*, ou seja, sem gelo.

Conhaque (ou *cognac*): produzido na região de Cognac, na França, é um destilado feito a partir da fermentação de uvas, ou seja, do vinho, e é chamado de *brandy* quando produzido fora dessa região. É servido, normalmente, no fim das refeições, em uma taça especial para se apreciar a bebida. Ela deve ser aquecida com as palmas das mãos para que libere seus aromas característicos. Similar ao uísque, o conhaque também é classificado de acordo com o envelhecimento. Os mais caros são os com 30 anos ou mais de envelhecimento, que são chamados de *X.O* (*extra old*, ou "extra velho", em português).

você sabia?

Existem uísques que são vendidos por valores muito altos, como os **single barrel**, que são safras excepcionais que não possuem mistura de nenhum outro uísque. Alguns deles são envasados em garrafas de cristal e acompanham abotoaduras de ouro!

Cachaça: aguardente de cana-de-açúcar, a cachaça é a bebida alcoólica brasileira. Por muitos anos, foi tida como uma bebida pobre e rechaçada por muitos por seu gosto forte. De fato, as cachaças de má qualidade são ruins, mas, atualmente, as cachaçarias têm se aprimorado e feito cachaças de excelente qualidade, sendo exportadas e reconhecidas internacionalmente. É com ela que se faz a caipirinha, o único drinque brasileiro registrado internacionalmente.

você sabia?

Só existe caipirinha de cachaça! *Caipirinha* é a mistura de cachaça, açúcar, limão e gelo. E a combinação é deliciosa! Se você substituir a cachaça por outra bebida alcoólica, ela muda de nome, virando **caipiroska** – quando feita de vodca –, **caipiríssima** – de rum –, **saquerinha** – de saquê –, e **caipirita** – de tequila.

Rum: também é uma aguardente de cana, produzida nos países caribenhos. É a famosa bebida dos piratas. Antigamente, contava com uma graduação alcoólica altíssima, podendo chegar a incríveis 80%. Era uma bebida que ficava armazenada em barris dentro dos navios e era transportada para todo o mundo. Faz parte de deliciosos coquetéis, como o famoso **piña colada**, que contém rum, abacaxi e leite de coco.

Vodca: bebida de aroma e sabor bastante neutros, originalmente feita de batatas. Atualmente, é fabricada com cereais. Por passar pelo processo de destilação diversas vezes, fica bem neutra ao consumo, sendo a bebida mais usada para o preparo de drinques e coquetéis, pois não interfere no sabor final. É produzida em diversos países do Leste Europeu, como Polônia, Rússia e Ucrânia. Seu nome quer dizer *água* em várias línguas eslavas.

Tequila: é uma aguardente produzida da fermentação de uma espécie de cacto, o agave azul ou agave tequilana, que existe no México, único país que produz a bebida. Como possui uma taxa muito baixa de açúcar, é acrescido açúcar de cana ou de milho para poder fermentar. Para possuir o nome de *tequila*, deve ser produzida na região de Jalisco, em um povoado chamado *Tequila*. Existe um ritual que os bebedores dessa bebida usam: costuma-se tomá-la com um gomo de limão e sal, conforme vimos no Capítulo 4.

Grapa: é uma aguardente feita da bagaceira da uva. O que sobra da moagem da uva com a qual se fez o vinho é colocado para fermentar e dá origem à grapa. Típica do norte da Itália, possui um sabor bastante forte e graduação alcoólica perto de 40%. Pode ser tomada pura ou com café. Este último recebe o nome de *café corretto* (café corrigido, em português).

Bebidas compostas

Também chamadas de *bebidas por infusão*, são aquelas que extraem os sabores de vegetais, como alguns tipos de ervas ou plantas aromáticas, por meio da imersão em água ou outro líquido. A bebida alcoólica fica em um recipiente que contém algum tipo de ingrediente que será responsável por dar o sabor. Um exemplo disso são os licores feitos em casa ou os industriais. Eles são produto da infusão de algum item em bebida alcoólica já finalizada, podendo ser fermentados ou destilados. As ervas são usadas para dar gosto às bebidas ou em coquetéis, como o gim, os vermutes e os licores.

Comida

Falar sobre alimentos engloba desde a cultura, a religião, a geografia, até a história sobre o local de origem ou de produção de determinado alimento. Por isso, você deve sempre pesquisar a respeito das culturas e dos diversos tipos de alimento que existem. Também fazem parte desse estudo os diferentes tipos de cozinha e a evolução destas. Atualmente, **vivemos o momento da cozinha tecnoemocional**, mas já passamos pela alta cozinha francesa, pela *nouvelle cuisine* francesa, pela cozinha molecular.

A seguir, veremos a gastronomia de seis povos diferentes, pois são os mais consumidos e comercializados na gastronomia do mundo atualmente.

Cozinha francesa

É a base de todas as cozinhas. Todas as técnicas usadas nas diferentes cozinhas, desde o modo de se fazer os molhos, os caldos, cortar os legumes, têm como base a cozinha francesa.

Durante muito tempo, a cozinha francesa foi sinônimo de requinte e de melhor cozinha do mundo. Atualmente, isso não é diferente, mas ela ficou estigmatizada como **uma cozinha em que se come pouco**. Tal estigma é injusto, pois, como vimos anteriormente, os franceses costumavam servir vários pratos diferentes em uma mesma refeição. Já nós, brasileiros, temos o costume de comer um prato único. Se juntarmos todos os pratos dos franceses, veremos que eles comem uma quantidade similar a nossa.

> Por falar nisso, os rituais da alimentação também derivam da cozinha francesa, bem como os de serviço. Se você já percebeu, todos os nomes dos equipamentos são em francês!

A França possui pratos clássicos que são feitos em hotéis e restaurantes de renome, que possuem o mesmo modo de preparo, independentemente de onde são feitos. O mais curioso é que os franceses não inventaram todos esses pratos; alguns foram apenas escritos em francês e ganharam sua fama pelos ótimos cozinheiros franceses que preparavam refeições para os diversos impérios do mundo.

Cozinha italiana

É a comida mais vendida e consumida no mundo. Por ser simples, caseira e gostosa, todos sabem que, independentemente de onde estivermos, se entrarmos em um restaurante italiano, comeremos uma comida que é familiar a algum momento de nossas vidas. Alimentos populares, como a pizza, a lasanha, o macarrão e o risoto são típicos da gastronomia italiana!

A comida italiana é, além de tudo, muito saudável, pois usa muito azeite de oliva, tomates, azeitonas, peixes. É a comida mediterrânea que todos falam ser tão saudável.

A gastronomia italiana é bastante simples e é chamada de *casalinga*, na Itália, que significa *caseira, de mãe, de dona de casa*. E é por isso que ela é tão apaixonante, porque traz os sabores da comida de vó, de mãe, de *nonna*! É a mistura de molho de tomates, de queijo parmesão.

A Itália produz ícones da gastronomia mundial, como os queijos *parmigiano reggiano*, o gorgonzola, a *mozzarella di buffala*, a pizza napolitana, o molho pesto, os salames, a mortadela di Bologna e tantos outros!

Cozinha americana

Disseminada por meio dos *fast-foods*, hoje temos muita influência da cozinha americana no mundo. São os hambúrgueres, as pizzas no estilo nova-iorquino, os *muffins*, o costume do *brunch* (refeição entre o café da manhã e o almoço), os *pretzels* que, mesmo não sendo americanos, foram disseminados por eles. Além disso, a cozinha americana reuniu diversas culturas, como a mexicana, que também foi beneficiada por esse país e hoje viaja o mundo por meio dos restaurantes que servem *burritos*, *tortillas*, *nachos* etc. É a cultura do *barbecue*, o churrasco americano. E, com ele, veio o famoso molho *barbecue*. Essa cozinha também disseminou o uso de um queijo inglês de cor amarelo forte, chamado *cheddar*.

Enfim, os Estados Unidos *não possuem uma cultura gastronômica própria*, mas conseguiram passar para o mundo o que eles consomem. Talvez a maior influência americana na cultura mundial seja o costume de **comer peru no dia do Natal**. Esse é um hábito dos povos indígenas nativos dos Estados Unidos, pois o peru era a carne que tinham em abundância. No dia de Ação de Graças, eles comiam peru assado. Por vermos esse hábito em filmes de Hollywood, acabamos aprendendo e utilizando esse costume em nosso natal, por exemplo. Aliás, esses filmes são os grandes responsáveis pela influência americana no modo como nos alimentamos.

Cozinha espanhola

Atualmente, é a cozinha com mais prestígio, com os *Chefs* mais badalados, a gastronomia mais falada. E tudo isso começou com uma revolução em meados dos anos de 1980. Hoje, a Espanha é a **vanguarda da gastronomia** no mundo.

Sua influência no modo que comemos não vem apenas da *paella* ou de pratos clássicos, como o *gazpacho*, mas também está enraizada na forma com que consumimos a comida, nas atitudes e nos hábitos. Os espanhóis tem o costume de comer as *tapas*, que são pequenas porções de alimento, normalmente colocadas sobre uma torrada, para acompanhar bebidas em um bar. Muito parecido com os nossos petiscos e aperitivos de boteco, não?

É com essa maneira de trabalhar e com essas novas tendências que a gastronomia espanhola tem se difundido no mundo, surpreendendo a todos e criando novos sabores e modos de percebermos os alimentos.

Cozinha oriental

Apesar da dificuldade em restringir a culinária asiática, é possível fazermos uma síntese de suas influências. Tanto a China, a Índia, a Tailândia quanto o Japão possuem costumes que tiveram grande influência na gastronomia atual. Os *sushis*, *sashimis*, *tempuras*, além de outros pratos que são muito conhecidos da cozinha japonesa, já fazem parte do dia a dia gastronômico das grandes cidades.

Itens como raiz forte, *curries* indiano e tailandês e pimentas são a base de uma cozinha bem temperada e criativa, que levou para o mundo a percepção de que a comida pode ser simples, mas gostosa, fugindo de locais, ambientes e gostos tradicionais. Não dá pra pensar em cozinha moderna sem esses itens.

Para finalizar, temos a influência do uso da panela *Wok* e do cozimento a vapor, tão tradicionais para as culturas orientais e que tanto ajudaram na gastronomia atual. É com esses conhecimentos que adaptamos a cozinha tradicional francesa para uma cozinha mais moderna, leve e saudável.

Cozinha mediterrânea

A cozinha mediterrânea é considerada uma das mais saudáveis do mundo. O uso de peixes, que contêm Ômega 3, azeite de oliva, tomate, azeitona e ervas – como alecrim, sálvia, tomilho, manjericão –, além de itens como o alho e a cebola fizeram uma grande revolução na forma como a comida é vista no mundo. Hoje, sabemos que todos esses alimentos contribuem para uma vida mais longa, saudável e livre de doenças, como o câncer ou doenças degenerativas.

Aplicar esse conhecimento no cotidiano de uma cozinha de restaurante é fácil, basta estudar a cultura mediterrânea e aplicar pequenas técnicas, como a utilização do azeite de oliva, que faz com que a comida fique mais leve, simples e fresca. Vale a pena tentar, o ganho no sabor é inigualável.

Restrições alimentares

Nem todos os alimentos podem ser consumidos. Além das restrições alimentares a que cada indivíduo está sujeito, alguns alimentos são, inclusive, mortais. Contudo, a maioria deles pode ser tolerada e adaptada para que se possa ter uma vida normal; basta tomarmos cuidados simples com itens do dia a dia e com a quantidade que ingerimos. Depois que nos acostumamos, tudo fica mais fácil.

Como o trabalho de um garçom envolve pessoas, **é preciso tomar conhecimento se algum cliente possui alguma restrição alimentar**. Por isso, é importante termos conhecimento sobre algumas dessas restrições, de modo que possamos atender aos clientes de forma mais exclusiva, assistindo-os em suas necessidades especiais, conforme veremos a seguir.

> Esse atendimento cativa as pessoas e faz com que elas confiem no nosso trabalho, voltando mais vezes ao estabelecimento, pois sabem que terão seu "problema" tratado de forma séria e com respeito. Vamos conhecer algumas restrições!

Alergias

Existem alergias a diversos alimentos, como camarão, frutos do mar e alho. Quando um cliente comunica que é alérgico a algum tipo de alimento, é preciso avisar rapidamente a cozinha, pois uma alergia, dependendo do nível de sensibilidade, pode levar à morte! *Esteja sempre atento ao que o seu cliente falar e trate isso de forma séria.*

Intolerâncias alimentares

Intolerância a um determinado alimento significa que ele é mal absorvido, não absorvido ou rejeitado pelo seu corpo na hora da digestão. No caso, temos três exemplos de intolerâncias alimentares mais comuns entre a população.

Intolerância ao glúten

O glúten é uma proteína formada pela junção de outras duas proteínas: a **gliadina** e a **glutenina** na ação mecânica de mistura entre a farinha e água. É essa proteína elástica que dá forma aos pães, às massas etc. O indivíduo intolerante ao glúten é chamado de *celíaco*, pois é portador de doença celíaca. Ele não pode comer nada que possua farinha, pois esta, em contato com o intestino, causa um efeito tóxico, provocando diarreia. O glúten é encontrado no trigo, no centeio, na aveia, na cevada e em seus derivados.

Síndrome do restaurante chinês

O glutamato monossódico é um tempero muito usado em restaurantes orientais. Quem tem intolerância a ele tem uma sensação de queimação, principalmente no pescoço e nos braços, além de sentir uma pressão na área do peito e, muitas vezes, dor de cabeça. Por ser um tempero, pode ser retirado da comida no momento de se preparar a refeição.

Intolerância à lactose

A lactose é o açúcar presente no leite e em seus derivados. A intolerância a ele vem da falta de enzimas para digerir essa substância. Normalmente, esse problema é decorrente de mudanças de dieta, por exemplo, quando paramos de ingerir leite na vida adulta por algum motivo, o que mostra para o organismo que não precisamos mais produzir essa enzima. Pode também ser um fator genético. Atualmente, há opções no mercado de leites com baixa lactose ou isentos dela, como o leite de soja.

Dietas especiais

As dietas especiais são divididas conforme a seguir.

Diabetes

O diabético é o indivíduo que não produz, ou produz em pouca quantidade, a insulina, responsável por metabolizar a glicose. Esta é o **açúcar mais puro, a fonte de energia de nossas células**. Para que esse açúcar seja absorvido por elas, precisamos de insulina. Caso o nosso organismo não a produza, a glicose, em vez de ser absorvida, acaba por circular no sangue. Para tratar esse problema, a dieta do diabético deve conter nenhum, ou o mínimo, açúcar (depende do grau de Diabetes), poucos itens com carboidratos, além de se fazer um controle da glicose do sangue, que, se estiver elevada, deve ser corrigida com uma aplicação de insulina.

Hipertensão e cardiopatia

São considerados hipertensos os indivíduos que possuem a pressão arterial muito alta. Já os cardiopatas são aqueles que têm problemas do coração. **Em comum, ambos devem possuir uma dieta com baixa ingestão de sódio**, presente principalmente no sal. Por isso, devemos cuidar com a quantidade de sal colocada na comida.

lembre-se!

Caso falte, o cliente possui em sua mesa um saleiro ou um sachê de sal para adequar a comida ao seu gosto. Entretanto, o sal não poderá ser retirado da comida depois de colocado!

Harmonizações

Harmonizar é combinar uma comida com uma bebida. Pode ser tornar uma refeição mais harmônica ao combinar melhor os pratos que serão servidos.

Para podermos harmonizar corretamente as refeições, é preciso conhecer bem tanto a bebida quanto a comida, e provar a junção de ambas. Existem harmonizações que podem prejudicar a comida ou a bebida e as harmonizações perfeitas, que fazem com que esses dois elementos fiquem melhores juntos. Um grande exemplo é a carne vermelha com vinho tinto ou uma feijoada com uma caipirinha ou uma cerveja.

Existem harmonizações com todos os tipos de pratos e bebidas, mas as mais usadas e as que criam maior dúvida são as com vinho. Veremos na tabela a seguir qual a combinação perfeita para alguns pratos e bebidas.

Harmonização de alimentos e bebidas

Prato	Bebida
Carnes brancas (peixe, frango)	Vinho branco e rosé
Carnes vermelhas e de caça	Vinho tinto encorpado
Bacalhau	Vinho tinto suave ou branco encorpado
Massas com molhos brancos	Vinho branco
Massas com carne e molho vermelho	Vinho tinto
Massas com frutos do mar	Vinho branco
Comida tailandesa	Cerveja Strong Pale Ale ou vinhos frutados e sucos de fruta
Comida indiana	Sucos de fruta como lichia, manga

Fique atento!

Caso haja dúvidas, siga sempre essa lógica: vinhos ou bebidas mais fortes combinam com pratos mais fortes e gordurosos. Já um vinho ou bebida mais leve combina com pratos mais leves. O importante é ter bom senso e que o cliente goste do que está comendo e bebendo.

Prato	Bebida
Queijos frescos	Vinho branco
Queijos envelhecidos	Vinhos tintos
Chocolate	Licores e vinho fortificado
Feijoada	Caipirinha, cerveja ou chope
Com qualquer prato	Espumantes e champagnes
Com sobremesas	Licores, vinhos fortificados
Com *sushi*	Espumante
Saladas	Espumantes

Leve sempre em consideração o **paladar de cada indivíduo**. Existem pessoas que não gostam de cerveja ou de vinho e outras de determinadas uvas em alguns vinhos. **Isso sempre deve ser respeitado**.

menu de exercícios

1. Por que podemos considerar o garçom um vendedor? .... *pg. 202*

2. Por que é importante conhecermos as mercadorias, as bebidas e as comidas? Qual é a importância em se conhecer o cardápio do restaurante, os modos de preparo dos alimentos, os ingredientes de cada prato? .... *pgs. 202-204*

3. Cite duas bebidas não alcoólicas e fale um pouco sobre elas. .... *pgs. 208-210*

4. Como são divididas as bebidas alcoólicas? Qual a diferença entre elas? .... *pg. 212*

5. Cite duas bebidas alcoólicas fermentadas e dê exemplos de alguns pratos que podem ser combinados com elas. ..... *pgs. 213-216 e 244-245*

6. Cite quatro bebidas alcoólicas destiladas e descreva um pouco suas diferenças. .... *pgs. 217-222*

7. O que são bebidas compostas? Cite dois exemplos. .... *pg. 222*

8. Quais são as influências da comida italiana na gastronomia mundial? Cite dois pratos que são servidos no mundo todo. .... *pg. 226-227*

9. Quais os povos que constituem a gastronomia oriental? Com o que eles colaboraram no desenvolvimento da gastronomia mundial?............................*pgs. 232-233*

10. Quais os benefícios da cozinha mediterrânea? Cite seus principais ingredientes. ....*pgs. 234-235*

11. Como deve ser a dieta de um portador de doença celíaca?...............*pg. 239*

12. Quais são os cuidados necessários ao se atender um cliente cardiopata? Justifique a resposta. ....*pg. 242*

13. Cite a opção mais adequada para fazer a harmonização dos seguintes pratos: ....*pgs. 244-245*

Peito de frango ao molho branco.

Nhoque ao molho de quatro queijos.

Chocolate meio amargo.

Queijo tipo parmesão.

Feijoada.

Sashimi de salmão.

Salada caprese.

Bacalhau a Gomes de Sá.

Encerramento

Como vimos nesse curso rápido sobre a arte de atender, *a profissão de garçom é muito nobre* e conta com uma vasta gama de experiências e conhecimentos que precisam ser aprendidos. É uma profissão em que nunca paramos de aprender e que precisa dessa renovação. Assim, sentimos-nos jovens e produtivos tempo todo.

Educação, boa apresentação pessoal, higiene, etiqueta social e discrição são algumas das virtudes necessárias para sermos bons garçons. Com o tempo, diversas dessas virtudes serão lapidadas para nos tornarmos mestres na arte de servir. E, quando isso acontecer, com certeza você terá diversos clientes fiéis ao seu modo de servir e de atender, reconhecendo o valor dessa profissão. Para que os outros possam dar o devido valor à profissão de garçom, é importante que, antes de tudo, **você valorize o seu cargo!** Infelizmente, há pessoas que não possuem o dom de servir em seu interior e acabam não valorizando a profissão, passando uma imagem negativa desta. Por isso, procure sempre fazer o seu trabalho de modo benfeito, respeitando os valores éticos. Essas atitudes serão percebidas pelos clientes, que confiarão em seu serviço.

Assim, **atenda a todos sempre da melhor forma possível**, sendo sempre educado e respeitando tanto os clientes quanto os colegas de trabalho. Isso fará com que você seja tratado com dignidade e respeito por todos!

Glossário

Adega: espaço onde se guardam os vinhos. A temperatura e a umidade devem ser controladas para que os vinhos estejam sempre bons no momento de serem consumidos. Geralmente, é responsabilidade do *sommelier* cuidar da organização da adega.

Amuse bouches: são pequenas porções de alimento servidas pelo *Chef*, como forma de preparação para o alimento que vai ser servido. Normalmente, são escolhidas pelo *Chef* e preparadas por ele como um presente a seus convidados ou clientes. Podem ser uma cortesia da casa. Há quem diga que, se forem cobradas, não podem ser chamadas de *amuse bouche*.

Aparador: similar ao balcão de apoio.

Balcão de apoio: é uma bancada de trabalho semelhante a um aparador ou uma cristaleira. Tem como função guardar todos os itens de uso constante dos garçons.

Cloches: espécie de tampa, normalmente feita de aço inox ou prata, que cobre o prato ao sair da cozinha. Serve para manter a temperatura e para criar uma expectativa no cliente sobre como é o prato no momento em que este é servido.

Checklist: é uma lista utilizada para conferir se todos os itens de um restaurante estão em ordem. Pode ser usada para conferir os itens da cozinha, do salão, da praça do garçom, de uma mesa ou de um evento. É muito versátil.

Chef de cuisine: é o profissional que trabalha dentro da cozinha e que, depois de muitos anos, ganha a responsabilidade de chefiá-la. Ele é o profissional que serve de referência dentro de uma cozinha.

Consommé: tipo de caldo clarificado, feito de caldos de frango, de carne ou de peixe mais saboroso. Esse caldo passa por um processo de clarificação, normalmente com claras de ovo, o que o torna translúcido. Pode servir para finalizar uma refeição ou ser servido entre alguns pratos.

Copa cambuza: é um espaço entre a cozinha e o salão, onde é feito o serviço de polir taças, copos, talheres e pratos pelos garçons. Também é o local onde normalmente são passados os pedidos da cozinha para o salão. É mais comum em restaurantes de hotel.

Coquetel: possui duas acepções: 1. Uma forma de serviço, onde se servem pequenas quantidades de comida no estilo à russa, em que as pessoas se servem com as mãos dos itens oferecidos pelo garçom; 2. Um tipo de bebida que se popularizou nos Estados Unidos e que mistura diversos tipos de bebidas para criar um drinque. É chamada por esse nome, pois diz a lenda que as bebidas, durante a lei seca nos Estados Unidos (década de 1920), eram decoradas com uma pena de rabo de galo (*cock tail*).

Couvert: possui, pelo menos, quatro sentidos. 1. Forma de se dizer quantas pessoas foram atendidas em um dia de trabalho. Ex.: 12 couverts = 12 clientes; 2. Forma de se falar sobre o jogo de utensílios usados em uma refeição (pratos, taças, talheres, toalha etc.); 3. *Couvert* artístico é o que se paga a um artista para ele fazer seu espetáculo, normalmente musical; 4. Tipo de entrada, normalmente composta de pães, patês, torradas, manteiga ou pequenas compotas, que se serve quando as pessoas se sentam à mesa. Serve para preparar o cliente antes da chegada do prato principal e ganhar tempo na preparação deste, além de reduzir a ansiedade do cliente enquanto espera ser servido.

Decanter: recipiente de vidro, parecido com uma jarra, onde se coloca o vinho para que este possa ser oxigenado. Em caso de vinhos de guarda, ou seja, mais velhos, também pode ser utilizado para se retirar as impurezas, que se depositam no fundo do recipiente. Como esse processo é semelhante à decantação – filtragem das impurezas contidas em um líquido –, esse recipiente possui esse nome.

Escargot: são os caramujos (caracóis) servidos na França. Normalmente, são temperados com alho e uma manteiga de ervas. Muito tradicionais na cozinha francesa, quase não se adaptaram à gastronomia e ao gosto dos brasileiros. São servidos com sua concha em forma de caracol.

Galheteiro ou *ménage*: aparato onde são colocados os vidrinhos com os temperos para salada, como vinagre, sal, pimenta e azeite.

Guéridon: é um carrinho ou uma pequena bancada de apoio móvel, que pode ser levada para a lateral da mesa. Serve para facilitar alguns tipos de serviço, como o à inglesa indireto, ou para aumentar o espaço de uma mesa. Pode ser usado para fazer ou finalizar algum prato, normalmente sobremesas.

Ménage: similar ao galheteiro.

Menu: cardápio ou carta, em que são descritos os pratos e as bebidas apresentados para o cliente.

Mise en place: é a organização do ambiente de trabalho. Vem do francês "colocar no lugar".

Moletom: toalha mais grossa colocada embaixo da toalha e do *naperon*. Serve para absorver choques, barulhos e para não deixar líquidos escorrerem pela mesa. Fica escondido e, normalmente, é preso por meio de uma cinta elástica em sua borda à mesa.

Naperon: toalha um pouco menor do que a de mesa, serve para cobrir manchas e decorar as mesas. Colocado sobre a toalha de mesa, normalmente branca, o *cobre-manchas*, como também é conhecido, pode ser de outra cor.

Nouvelle cuisine: é uma forma de cozinha que foi inventada por volta de 1960 e que teve sua maior expressão entre os anos de 1970 e 1990. Tem como características a utilização de alimentos mais leves, com menos tempo de cozimento, o respeito às matérias-primas e o maior cuidado na apresentação dos pratos, que passou a ser feita de forma individual. Devido a essa nova maneira de apresentar a comida, surgiu um tipo de prato, de mesmo nome – *nouvelle cuisine* –, que é maior do que o normal.

Praça de trabalho: espaço físico onde um determinado garçom atende. Pode ser dividido em número de mesas ou de acordo com o espaço físico (alguns restaurante têm as praças divididas por paredes, por exemplo).

Pragas e vetores urbanos: são os animais e os insetos que podem contaminar a cozinha. São exemplos de vetores urbanos os ratos, as baratas, as ratazanas, as moscas, os mosquitos, as borboletas, as mariposas, os gatos, entre outros.

Réchaud: utensílio que mantém aquecido os itens e a comida em um *buffet*. Pode ser aquecido por meio do uso de álcool gel, de uma serpentina elétrica que aquece a água ou, mais recentemente, de uma chapa de vidro que aquece as panelas e os itens colocados sobre ela. Pode ser usado para finalizar sobremesas ao lado de uma mesa, procedimento que recebe o nome de *técnica de réchaud*.

Sachets: são pequenos saquinhos que contêm algum tipo de alimento, geralmente líquido. Podem conter *ketchup*, mostarda, sal, pimenta, azeite, vinagre etc.

Salão: espaço do restaurante onde se localizam as mesas. É o local de trabalho do garçom.

Serviço: é o processo de servir o cliente, desde a recepção até o pagamento da conta e o cafezinho.

Sommelier: garçom responsável pela venda de vinhos. Tem conhecimento a respeito dos vinhos da casa e sabe qual é o melhor vinho para fazer a harmonização correta com cada comida.

Taste vin: é um pequeno recipiente de metal, normalmente de prata, que o *sommelier* carrega pendurado por uma corrente em seu pescoço. Possui um desenho particular, que faz com que o vinho seja provado de forma adequada.

Uísque Bourbon: é um tipo de uísque produzido nos Estados Unidos, tradicionalmente de milho, envelhecido em barricas de carvalho tostadas, o que lhe confere um aroma de caramelo. É servido normalmente sem gelo, no estilo conhecido como *cowboy*.

Voul-au-vent: traduzido do francês, significa "voa ao vento". São aperitivos, feitos com massa folhada, que são cortados e assados em forma de pequenos cestos ou barquinhas. Podem ser recheados com diversos itens, como camarão, palmito, milho, entre outros.

Referências

CASTELLI, G. **Administração hoteleira**. 6. ed. Caxias do Sul: Educs, 1999.

FREUND, F. T. **Alimentos e bebidas**: uma visão gerencial. Rio de Janeiro: Senac Nacional, 2005.

FREUND, F. T.; VIEIRA, S. M.; BOTTINI, J. **Barman**: perfil profissional, técnicas de trabalho e mercado. São Paulo: Senac SP, 2002.

HOUAISS, A.; VILLAR, M. de S. **Dicionário Houaiss da língua portuguesa**. Versão 3.0. Rio de Janeiro: Instituto Antônio Houaiss; Objetiva, 2009. 1 CD-ROM.

MARRIOTT, J. W.; BROWN, K. A. **The Spirit to Serve**: Marriot's Way. New York: Harper Collins, 1997.

SERSON, F. M. **Hotelaria**: a busca da excelência. São Paulo: Marcos Cobra, 1999.

TORRE, F. de la. **Administração hoteleira, parte I**: departamentos. Tradução de Dolores Martins Rodrigues Corner. São Paulo: Rocca, 2001.

VALLEN, G. K.; VALLEN, J. J. **Check-in, Check-out**: gestão e prestação de serviços em hotelaria. 6. ed. Porto Alegre: Bookman, 2003.

VIEIRA, S. M. **Garçom**: perfil profissional, técnicas de trabalho e mercado. São Paulo: SENAC SP, 2001.

Sobre o autor

Guilherme Guzela, que nasceu e mora em Curitiba, é turismólogo e especialista em Gastronomia. Atuou no mercado hoteleiro de sua cidade, onde descobriu a paixão por *servir*. Desde então, tem aprimorado seus conhecimentos e suas habilidades não somente no mercado brasileiro, mas também no exigente e precursor mercado europeu. Trabalha com consultorias e eventos e também é professor do curso de Gastronomia da Universidade Positivo e de pós-graduação pelo Instituto Brasileiro de Pós-graduação e Extensão (Ibpex). Além disso, é membro da Federazione Italiana Cuochi e, desde 2009, mantém o *site* www.chefguzela.com.br, onde há dicas, receitas, vídeos e informações sobre concursos na área de gastronomia.

EDITORA intersaberes

Rua Clara Vendramin, 58 . Mossunguê
CEP 81200-170 . Curitiba . PR . Brasil
Fone: (41) 2106-4170
www.intersaberes.com
editora@editoraintersaberes.com.br

CONSELHO EDITORIAL
Dr. Ivo José Both (presidente)
Dr.ª Elena Godoy
Dr. Nelson Luís Dias
Dr. Neri dos Santos
Dr. Ulf Gregor Baranow

EDITORA-CHEFE
Lindsay Azambuja
SUPERVISORA EDITORIAL
Ariadne Nunes Wenger
ANALISTA EDITORIAL
Ariel Martins

PREPARAÇÃO DE ORIGINAIS
Amanda Santos Borges
CAPA E DIAGRAMAÇÃO
Stefany Conduta Wrublevski
PROJETO GRÁFICO
João Leviski Alves
Stefany Conduta Wrublevski

FOTOGRAFIAS
Panther Media
Raphael Bernadelli (p. 107, 121b, 122, 188)
ILUSTRAÇÕES
Adriano Pinheiro
AGRADECIMENTO
Restaurante Durski
ICONOGRAFIA
Sandra Sebastião

Dados Internacionais de Catalogação na Publicação (CIP)

Guzela, Guilherme
  Garçom: excelência em atendimento / Guilherme Guzela. – Curitiba: InterSaberes, 2012.

  Bibliografia
  ISBN 978-85-8212-569-4

  1. Garçons – Formação profissional I. Título.

12-10028   CDD-647.2

Índices para catálogo sistemático:

1. Garçons : Formação profissional   647.2

1ª EDIÇÃO, 2012.
FOI FEITO O DEPÓSITO LEGAL.

INFORMAMOS QUE É DE INTEIRA RESPONSABILIDADE DO AUTOR A EMISSÃO DE CONCEITOS.
NENHUMA PARTE DESTA PUBLICAÇÃO PODERÁ SER REPRODUZIDA POR QUALQUER MEIO OU FORMA SEM A PRÉVIA AUTORIZAÇÃO DA EDITORA INTERSABERES.
A VIOLAÇÃO DOS DIREITOS AUTORAIS É CRIME ESTABELECIDO NA LEI Nº 9.610/1998 E PUNIDO PELO ART. 184 DO CÓDIGO PENAL.

Os papéis utilizados neste livro, certificados por instituições ambientais competentes, são recicláveis, provenientes de fontes renováveis e, portanto, um meio responsável e natural de informação e conhecimento.

FSC
www.fsc.org
MISTO
Papel produzido a partir de fontes responsáveis
FSC® C103535

Impressão: Reproset
Julho/2019